写真アルバム

長崎市・西彼杵の昭和

色彩の記憶

昭和をめぐる旅にでよう

▶**再建される前の浦上天主堂**　原爆により大きな被害を受けた浦上天主堂の壁が写る。まだ日本でカラー写真が普及していない頃の貴重な一枚。〈長崎市本尾町・昭和25年頃・提供＝高見彰彦氏〉

▶**風頭山から長崎市街地を望む**　長崎港の他、長崎県庁舎、出島、三菱重工業長崎造船所などが写る。〈長崎市内・昭和 39 年・提供＝岩永滋氏〉

◀**旧長崎県庁周辺の風景**
中央やや上の建物が県庁でその左では第 1 別館が建設中である。下の橋は出島橋。さらにその下に十八銀行旧本店が建っている。右下には架け替え工事中の長久橋が見える。〈長崎市内・昭和 41 年頃・提供＝岩永滋氏〉

▶**十八銀行本店一帯の風景**　中央の建物が十八銀行旧本店。後ろは県庁、右端は遠藤周作がよく利用した長崎グランドホテルである。電車がとまっているところは築町電停（現新地中華街電停）。〈長崎市銅座町・昭和 41 年頃・提供＝岩永滋氏〉

路面電車と車が行き交う長崎駅前
国道202号を多くの車が行き交い、その間を縫うように路面電車が進む。この車両は昭和37年に導入された370形371。〈長崎市大黒町・昭和42年・撮影＝風間克美氏〉

キャバレー銀馬車　昭和28年、浜町バス停付近に開店した。昭和40年代には全盛期を迎え、国内外のバンドや歌手を迎えてショーを行い、長崎市の夜の社交場として大いに賑わった。〈長崎市銅座町・昭和56年・提供＝花田幸規氏〉

木鉢より香焼《こうやぎ》方面を望む　南方向を撮影。写真中央の島が皇后島（鼠島）でその後ろが高鉾島。さらにその後ろが香焼島である。右にカトリック木鉢教会が見える。〈長崎市木鉢町～小瀬戸町・昭和40年頃・撮影＝矢野平八郎氏〉

◀**琴海《きんかい》高校が建つ前の西海郷**　堂風岳の麓付近から西を見ている。琴海高校（現明誠高校）が県立長崎西高校から分離・独立し、この地に移転するのは昭和 49 年のこと。現在は写真中央に校舎が建つ。右端に見える道路は国道 206 号。〈長崎市西海町・昭和 47 年頃・提供＝小坂文昭氏〉

▶**時津港の船溜まり**　多くの小型漁船が停泊している。写真奥、白い建物群は三菱電機の工場。〈西彼杵郡時津町浦郷・昭和 52 年・提供＝時津町役場〉

◀**時津の町を空撮**　時津小学校を中心に空撮。左上が時津港。現在、右下の池のある所はとぎつカナリーホールの一部となっている。〈西彼杵郡時津町内・昭和 59 年・提供＝山本宙史氏〉

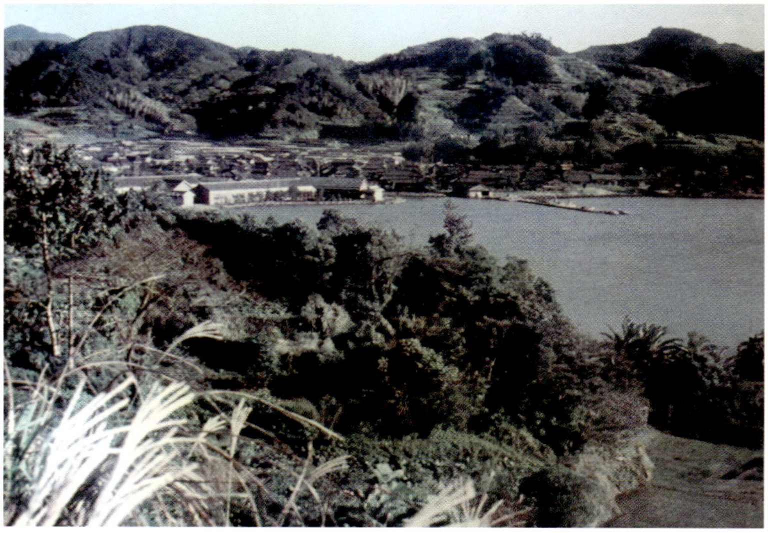

▶**浜田郷を遠望する**　埋め立てられる前の浜田郷の風景である。中央左に時津中学校が写る。〈西彼杵郡時津町浜田郷・昭和 37 年頃・提供＝宇木赫氏〉

▶**東長崎・現川《うつつがわ》の農村風景**　子どもたちをリヤカーに乗せて農作業から帰る。子どもたちは嬉しそうな表情を浮かべる。この道を奥に進むと左手に山の神神社がある。〈長崎市現川町・昭和50年頃・撮影＝藤本熊夫氏〉

◀**国道202号に架橋された新神浦橋を望む**　昭和55年に完成した。橋梁延長は126.2メートル。外海《そとめ》町はド・ロ神父ゆかりの地として、出身地であるフランスのヴォスロール村と姉妹都市提携をしており、フランス国旗に因んで赤色に塗装された。なお同年架橋の荒川橋は白、同63年に架橋された四谷河内橋は青色である。〈長崎市神浦向町・昭和55年・提供＝本濵武氏〉

▶**琴海町の藁葺き屋根の民家前で**　西海《にしうみ》町の東公民館近くにあった懐かしい藁葺きの民家の前でのひとコマ。歩けるようになって間もない頃の子どもをおじいちゃんが支える。〈長崎市西海町・昭和46年・提供＝小坂文昭氏〉

▶**玉木幼稚園の運動会**　園児らのかけっこのようす。父兄が見守るなか、一生懸命走る。玉木幼稚園は平成28年に閉園し、現在この場所は玉成高校の運動場となっている。後ろの建物はホテル矢太樓。〈長崎市愛宕・昭和48年頃・提供＝尾上ひろみ氏〉

◀**西北小学校でラジオ体操**　同校は昭和30年代に児童の増加による二部授業を解消しようと同35年に新設された。写真は夏休み中、近所の子どもたちが校庭でラジオ体操を行っているところ。〈長崎市西北町・昭和48年・提供＝岩永滋氏〉

▶**浦上新線開通の祝賀行事**　昭和41年、長崎本線の新線工事が着手され同47年に竣工した。これにより、新しく現川町に駅が新設され、地元民は喜びに沸いた。写真では新設された現川駅に着いた「かもめ」を住民たちが国旗を打ち振り、歓迎している。〈長崎市現川町・昭和47年・撮影＝藤本熊夫氏〉

◀**長崎バスの路線延長出発式**　昭和62年、本川内郷の琴ノ尾登山口まで長崎バス路線が延長された。それを祝い4月8日、琴ノ尾登口バス停で出発式が行われた。〈西彼杵郡長与町本川内郷・昭和62年・提供＝野中幸子氏〉

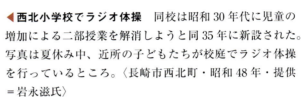

▶長崎大水害の被害　昭和57年7月に発生した集中豪雨は長崎市内各地に未曾有《みぞう》の被害をもたらした。写真は東町侍石《さぶらし》地区の被害状況。〈長崎市東町・昭和57年・提供＝花田幸規氏〉

◀泥だらけとなった浜町アーケード街　長崎大水害翌日の浜町アーケード街のようすで通りに残った泥を掻きだしている。浜町にも濁流が押し寄せ、大量の泥や車までもが流されてきた。〈長崎市浜町・昭和57年・提供＝ひぐちグループ〉

▶神浦橋が決壊　各地で記録的雨量を観測するなか、外海町でも2時間に286ミリの雨量が観測された。これは2時間降水量の最高記録であった。これにより神浦川には濁流が流れ、耐えきれなくなった神浦橋は写真のように崩壊した。〈長崎市神浦向町・昭和57年・提供＝本濵武氏〉

▶**浜屋百貨店の屋上遊園地にて**　休日にはよそ行きの格好をしてデパートに行くのが昭和の生活スタイルだった。中でも子どもたちにとって屋上遊園地は憧れの場所であった。〈長崎市浜町・昭和 40 年代・提供＝古賀英人氏〉

◀**長崎にやって来た移動動物園**　松山の陸上競技場にやってきた移動動物園。市内には本格的な動物園がないので、ゾウやラクダなどを見ることができる絶好の機会となった。〈長崎市松山町・昭和 53 年・提供＝石田洋子氏〉

▶**長崎スカイランド**　昭和 42 年、田上、弥生町、早坂町を拓いて開設された遊園地である。大型遊具を備え、人気歌手の歌謡ショーなども行われ、多くの家族連れで賑わった。〈長崎市三景台町・昭和 44 年・提供＝金子剛氏〉

◀**長崎遊園地にて**　昭和 32 年に開園した遊園地で、通称「福田の遊園地」と呼ばれた。写真はゴーカートに乗る女の子と親戚のお兄さん。カメラを向けられ、お兄さんは余裕の笑顔を見せるが女の子の表情は真剣そのもの。〈長崎市大浜町・昭和 55 年・提供＝石田洋子氏〉

◀長崎くんちのお上り（もりこみ）　御旅所へ渡御《とぎょ》していた３体の神輿が諏訪神社へお上り（還御《かんぎょ》）する。諏訪を先頭に３体の神輿が勢いよく、県庁坂を駆け上がる。お上りの最大の見せ物のひとつ。〈長崎市万才町・昭和54年・提供＝石川敬一氏〉

▶長崎くんちの龍踊《じゃおどり》　この年のくんちの演し物は桶屋町の本踊、本石灰町の御朱印船、栄町の阿蘭陀万歳、船大工町の川船、万屋町の鯨の潮吹きと特別参加の籠町の龍踊だった。写真は御旅所に着いた籠町の龍踊。〈長崎市元船町・昭和52年・提供＝石川敬一氏〉

◀小ヶ倉くんちの鯨船　小ヶ倉大山祇神社の大祭で行われるくんち。写真は鯨船と２丁目の面々。〈長崎市小ヶ倉町・昭和47年・提供＝持丸瑞彌氏〉

▶**四海楼二代目の精霊船《しょうろうぶね》**　中華料理四海楼二代目の陳揚俊を弔う竜頭船型の精霊船が新地橋から銅座橋へ向かう。〈長崎市新地町・昭和 40 年・提供＝中華料理四海楼〉

◀**精霊船の前で**　賑やかに飾りつけされた船の先頭の「みよし」と呼ばれる部分に「小森家」と大書されている。蛍茶屋電停付近にて。〈長崎市本河内・昭和 49 年・提供＝小川道子氏〉

▶**長崎国体開会式で披露された踊り**　昭和 44 年、長崎県を舞台に第 24 回国民体育大会秋季大会が開催され、長与町は一般女子ソフトボールの会場となった。写真は長与中学校グラウンドで行われた開会式にて披露されたみかん音頭踊り。この後、地元住民によってつくられたみかん人形が関係者や選手に土産品として配られた。〈西彼杵郡長与町嬉里郷・昭和 44 年・提供＝長与町役場〉

絵はがきで蘇る華やかなりし長崎市内

※提供はすべて岡林隆敏氏

▶**柳通り**　柳通り（現ベルナード観光通り）を南方向に見ている。中央の建物は昭和 9 年に開店した岡政百貨店。右の大きな建物は川島洋装店。〈長崎市浜町・昭和 12 年〉

◀**浜町通①**　現在のハマクロス 411 の北東角から銕《くろがね》橋方面を見る。左は岡政呉服店。〈長崎市浜町・昭和初期〉

▶**浜町通②**　現在、浜町にある三菱 UFJ 銀行長崎支店前から南東方向を見ている。右はマツダ玩具店。通りにはスズラン灯が並んでいるが現在はアーケードの天蓋が設置されている。〈長崎市浜町・昭和 15 年〉

◀▼**銕橋**　慶応 4 年（1868）、築町と浜町の間に流れる中島川に架けられた。設計はドイツ人技師ボーゲル、指揮を長崎製鉄所頭取の本木昌造が務めた。全長 27.2 メートル、幅 5.5 メートルで橋面は板張りであった。下写真は昭和 6 年に鉄筋コンクリート造で架け替えられた二代目の銕橋。なお、現在は三代目であるが二代目の親柱などが現地そばに移設されている。〈長崎市浜町、築町・左：昭和 6 年頃、下：昭和 16 年頃〉

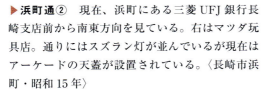

▶馬町国道筋　昭和の初め、長崎市は九州第 2 の都市として、九州に誇れる道路の計画が持ち上がり、幅 23 メートルという当時としては九州最大の道路が昭和 9 年に完成する。写真はその開通後の馬町交差点のようすである。なお、諏訪神社の一の鳥居は第二次大戦で供出される前の青銅製である。〈長崎市馬町・昭和 11 年〉

▲長崎停車場　大正元年、二代目駅舎として完成した。コテージ式の二階建てで、2 階部分は貴賓室であったが昭和 6 年に食堂に変わっている。駅前にはタクシーではなく、多くの人力車が並ぶ。〈長崎市尾上町・昭和 10 年頃〉

▶市営本下町公設中央市場　第一次世界大戦後、日用品の価格は高騰し、市民にとって死活問題となった。この対策として各地に公設市場が開設された。写真は大正 13 年、本下町に開設した公設中央市場。鉄筋コンクリート造三階建てで 596 坪を有する大規模なものであった。〈長崎市築町・昭和 10 年頃〉

◀鍛冶屋町　元は道路を挟んで出来鍛冶屋町と今鍛冶屋町に分かれていた。大正期には東洋日之出新聞社や製菓屋、染物屋、写真館、書店、家具屋などが軒を連ねていた。〈長崎市鍛冶屋町・大正末期～昭和初期〉

▶**国際産業観光博覧会**　長崎市の産業の振興を図り不況を乗り切るため、長崎市と雲仙を会場に開催された。3月から5月までの会期で入場者は62万8,700人余に達し、大盛況となった。写真は正門から見た産業本館。〈長崎市尾上町・昭和9年〉

◀**出島岸壁上海航路**　大正13年、長崎港出島岸壁の改築工事が完了した。これにより、8,000トン級の大型船舶が2～3隻同時に接岸できるようになり、陸と海の交通連携が著しく向上した。写真は停泊中の日本郵船長崎丸。〈長崎市内・昭和16年頃〉

▶**西浜町電車通り**　右側の川は中島川、左の建物は不動貯金銀行長崎支店（現りそな銀行）である。右端の茶色く見える橋は長久橋。右手前に中央橋が架かるのは昭和27年のことである。〈長崎市浜町・昭和5年頃〉

◀**酒屋町電車通り**　現在の公会堂通りを北東方向に撮影。左の建物は長崎貯金（のちの長崎無尽、現長崎銀行）。中央の車両は大正9年に製造された20形31。〈長崎市栄町・昭和10年頃〉

▶**爆心地公園一帯**　写真中央一帯が爆心地公園で原爆落下中心地を示す碑が建つ。上部に写る特徴的な屋根を持つ建物は昭和36年に建設された長崎国際体育館。その右に市営競輪場が見える。〈長崎市松山町・昭和30年代～40年代〉

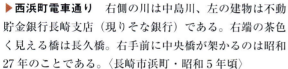

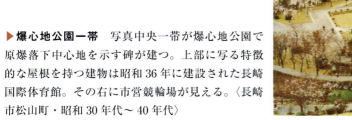

在りし日の端島

※写真はすべて昭和 49 年頃、**矢野平八郎氏**の撮影

◀端島（軍艦島）全景
江戸時代末期には漁民が漁業の合間に「磯堀」と称して少量の露出炭を採掘していた。明治 23 年に三菱社が端島を買収すると、本格的な採掘が始まり昭和 49 年に閉山するまで、計 1,568 万トンもの良質な石炭を採掘した。

▶貯炭場付近一帯　中央に写るベルトコンベアの先に「ドルシックナー」と呼ばれる選炭装置が見える。ここで石炭を選り分け、ベルトコンベアで貯炭場まで運ばれた後、運搬船に積み込まれた。

◀物資の荷揚げ　長崎市内から運ばれてきた物資を運ぶ。端島では手に入らない生鮮食品が多かった。

▶端島神社　昭和11年に島の小高い位置に建造された。正面が拝殿。その右に立つのは戦没者慰霊碑である。

◀鉱員社宅65号と児童公園　鉱員社宅65号は昭和19年に着工され、その後増築を繰り返し、同33年に十階建ての島最大の建物となった。建物の一部は水洗式のトイレが設置され、エレベーターも付けられていた。児童公園はコの字型をしていた鉱員社宅の中にあった。

▶林立するテレビアンテナ　危険が伴う労働の対価として鉱員の給料は高く、比較的裕福な家庭が多かった。1950年代後半に「三種の神器」ともてはやされた、白黒テレビ、洗濯機、冷蔵庫を揃える家庭が多く、テレビの普及率も全国に比べ格段に高かった。

▶引越し　ロープに荷物を結び、ベランダから下ろす。ところどころアパートから飛び出す腕木のようなものは、物干し竿を掛けるためのものであろう。

◀建物が迫る階段　アパートに囲まれた端島ならではの風景。狭い土地に建ち並んだ高層の社宅がつくるその姿は「軍艦島」と呼ばれる所以となった。

▶ビルの間に佇むオート三輪　島は大変狭いため、車を所有する人は珍しかった。

はじめに

野田和弘（NPO法人長崎史談会）

これまで長崎をテーマとする写真集は少なからず出版されている。しかしこの写真集はこれまでのものとは大いに異なっている。

その一つは、収録された写真が長崎市内ばかりではなく、時津、長与、東長崎、深堀、香焼など、長崎市を取り巻く地域の写真を数多く掲載していることである。

これらの地域は江戸時代、大村藩領や佐賀藩領で天領長崎に隣接する地域であった。そのため長崎とこれらの地域は、早くから人や物の往来が盛んであった。これらの地域は、消費都市・長崎に食料や労働力を供給する役割も担っており、いわば同一の経済圏であり、相互補完的な関係でもあった。さらに明治以降、特に昭和期になると、その関係はますます密接となり、共に発展して来た。

このような背景の中で、これまであまり紹介されることのなかった、これらの地域の写真が多数掲載されている。今となっては到底見ることのできない、故郷の懐かしい景色ばかりである。

二つ目は、これまでの写真集は、観光地や歴史的に有名な場所など、すぐにでも絵葉書になるようなものが多かったが、ここに掲載された写真の多くがどこの家庭にもあるようなスナップ写真や集合写真ということである。そしてどの写真も人びとの表情は、皆一様に明るく耀いている。

当時、写真機はまだまだ高価で、それもフイルムの時代、現代のように誰もが気軽に撮影できるわけではなかった。それだけにその一枚一枚は、その時その時を記録した貴重なひとコマばかりなのである。このようなことからこの写真集は、多くの皆様に懐かしさと興味を持ってご覧いただけるものと思う次第である。

目次

2 ページ写真

右：長崎市公会堂で歌うフォーリーブスの青山孝史〈長崎市魚の町・昭和 44 年頃・提供＝吉田敬子氏〉

中：旧長崎市公会堂ができる前の広場で奉納されたコッコデショ〈長崎市魚の町・昭和 28 年頃・提供＝川口和男氏〉

左：東町の権現社で行われた奉納相撲大会〈長崎市東町・昭和 30 年・提供＝田中勇三氏〉

3 ページ写真

右：自宅近所で友人とパチリ〈長崎市中園町・昭和 37 年頃・提供＝岩永滋氏〉

中：玩具売りの露店の前で〈長崎市内・昭和 38 年頃・提供＝川口大輔氏〉

左：時津くんちに参加した浦郷新地地区の面々〈西彼杵郡時津町浦郷・昭和 33 年・提供＝時津町役場〉

地理・交通

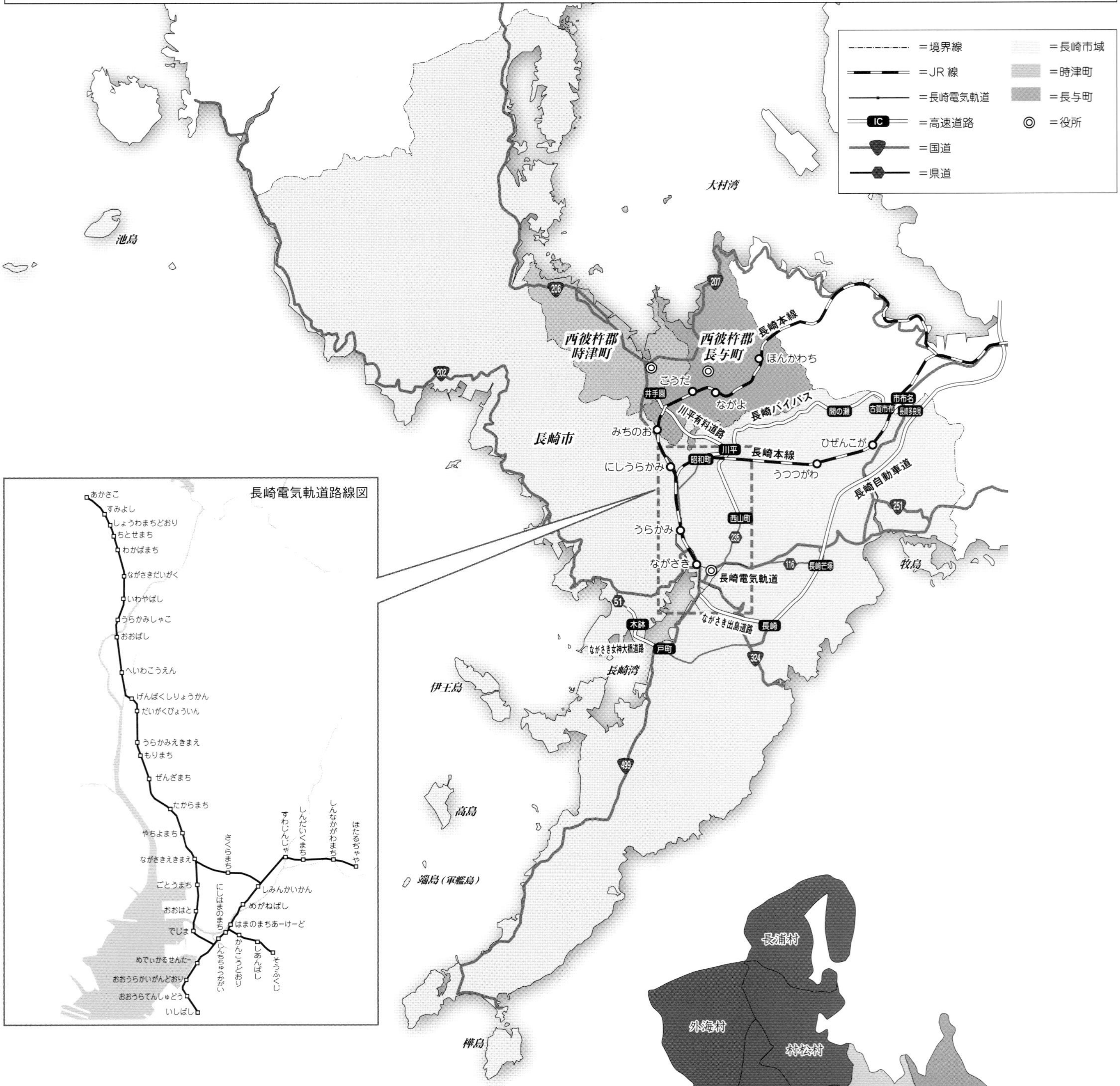

昭和30年時点の市町村図

合併詳細は５ページの年表を参照

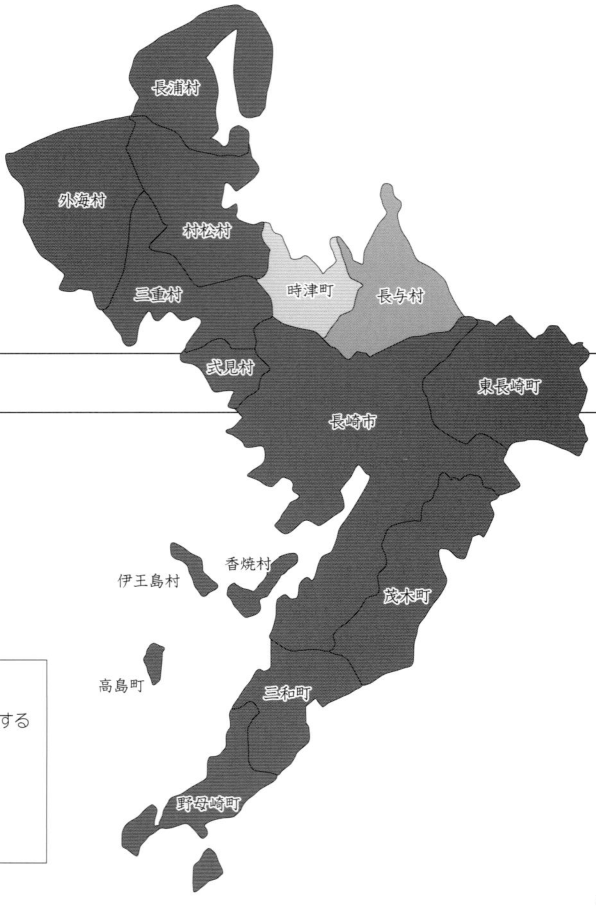

現在の長崎市
（平成17年、香焼町･伊王島町･高島町･野母崎町･三和町･外海町を編入する
平成18年、琴海町を編入する）

現在の西彼杵郡長与町

現在の西彼杵郡時津町

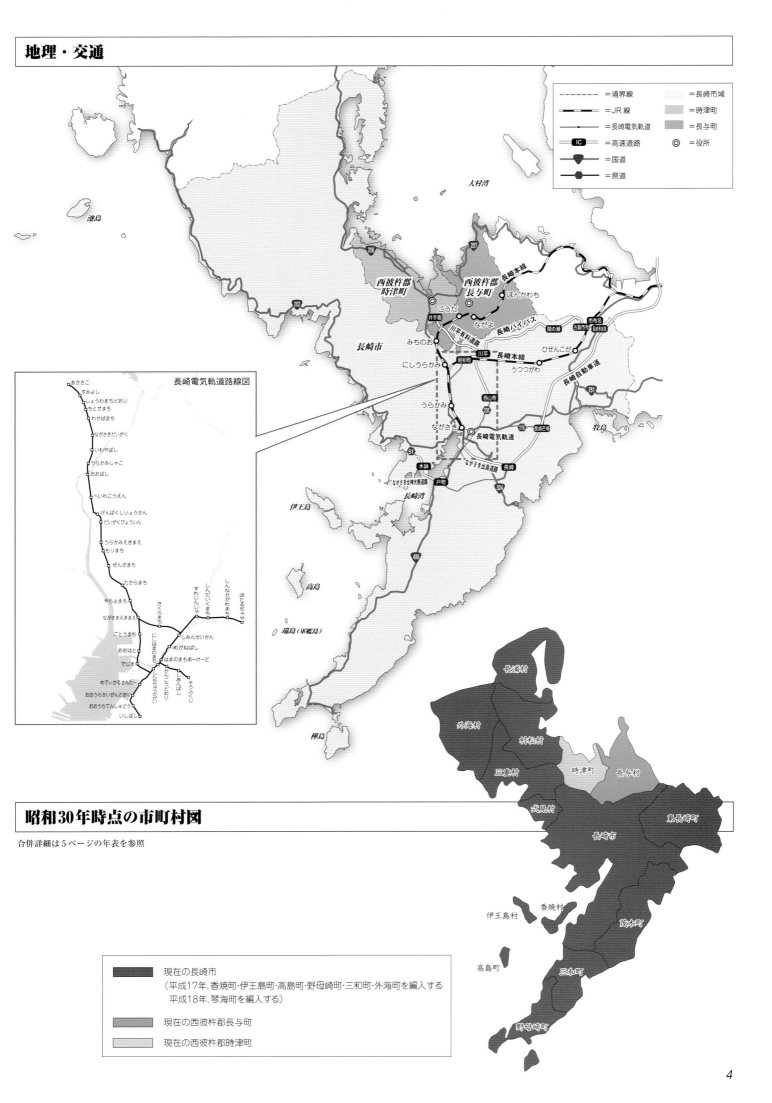

長崎市・西彼杵郡（長与町・時津町）の昭和史略年表

年号	長崎市・西彼杵郡（時津町・長与町）のできごと	全国のできごと
大正 15 年／昭和元年	小ケ倉水源地が完成する／日見トンネルが完成する	大正天皇崩御、昭和と改元
昭和２年（1927）	元船町の護岸築造工事が竣工する／時津村図書館が開設する	昭和金融恐慌が起こる
昭和３年（1928）	第２期長崎史談会が発会する	普通選挙法による初の衆議員議員選挙実施（男子のみ）／治安維持法改正
昭和４年（1929）		世界恐慌発生
昭和５年（1930）	長崎港駅が開業する／長崎開港360年式典を挙行する／長崎市公会堂落成式を挙行する	
昭和６年（1931）	時津村役場庁舎が完成する	満州事変勃発
昭和７年（1932）		五・一五事件が起こる
昭和８年（1933）	興福寺本堂と大浦天主堂が国宝に指定される／NHK長崎放送局が開局する	日本が国際連盟を脱退
昭和９年（1934）	国際産業観光博覧会が開催される／岡政百貨店が開業する	
昭和11年（1936）	柳通り（観光通り）が完成する／茂木道路が開通する	二・二六事件が起こる
昭和12年（1937）		日中戦争に突入
昭和13年（1938）	戦艦武蔵が起工される／長崎市が小榊村、土井首村、小ヶ倉村、西浦上村の４カ村を編入する／市制50周年式典を挙行する	国家総動員法施行
昭和14年（1939）	長崎市民運動場が完成する／浜屋百貨店が開業する	
昭和15年（1940）	戦艦武蔵が進水する	全国で皇紀二千六百年記念祝賀行事が開催／大政翼賛会発足
昭和16年（1941）	市立長崎博物館が開館する／午砲（ドン）が廃止される	国民学校令施行／太平洋戦争開戦
昭和17年（1942）	日華連絡船長崎丸が沈没する／戦艦武蔵が呉軍港へ出港する	大日本婦人会発足／ミッドウェー海戦
昭和18年（1943）	日華連絡船上海丸が沈没する	
昭和19年（1944）	初めて長崎市が空襲される	学童疎開開始
昭和20年（1945）	長崎市に原爆が投下される	太平洋戦争終結
昭和21年（1946）	長崎復興祭が開催される	選挙法改正後初の総選挙
昭和22年（1947）	長崎市内の新制中学校15校が開校する／長崎海洋気象台が創設される	新学制実施
昭和23年（1948）	市営浴場が開設される／第１回県民体育大会が開催される／ABCC（原爆傷害調査委員会）が活動を開始する	
昭和24年（1949）	平和公園に原爆資料館が開設される／天皇陛下が長崎市を巡幸される／長崎駅の３代目駅舎が完成する／長崎大学開学式を挙行する／第１回長崎市営競輪が開催される	下山事件、三鷹事件、松川事件が相次いで起こる
昭和25年（1950）	長崎市が福田村の一部を編入する	警察予備隊創設
昭和26年（1951）	長崎国際文化都市建設計画が決定する／市営大橋球場が完成する／永井隆博士が死去／時津村が町制施行し時津町となる	サンフランシスコ平和条約調印／日米安全保障条約締結
昭和27年（1952）	平和祈念祭と原爆犠牲者慰霊祭が挙行される／中央橋が完成する	警察予備隊が保安隊に改組される
昭和28年（1953）	ラジオ長崎が開局する	NHKテレビの本放送開始
昭和29年（1954）	立体交差の桜橋が完成する／第１回市民体育祭が開催される／長崎バスが長与村に乗り入れを開始する	保安隊が自衛隊に改組される
昭和30年（1955）	長崎市が福田村・深堀村を編入する／長崎国際文化会館が完成する／長崎市が日見村を編入する／矢上村、戸石村、古賀村が新設合併し東長崎町が発足する／為石村、川原村、蚊焼村が新設合併し三和町が発足する／神浦村、黒崎村が新設合併し外海村が発足する／高浜村の一部、野母村、脇岬村、樺島村が新設合併し野母崎町が発足する／高浜村の残部と高島町が新設合併し高島町が発足する／平和祈念像除幕式が挙行される	神武景気の始まり
昭和31年（1956）		経済白書に「もはや戦後ではない」と記載される
昭和32年（1957）	稲佐山登山道路開通式が挙行される／大浜町に長崎遊園地がオープン	
昭和33年（1958）	グラバー邸が観光施設として開放される／長与村役場庁舎が完成する	岩戸景気の始まり／東京タワー完成
昭和34年（1959）	長崎水族館が開館する／長崎市庁舎が完成する／稲佐山公園屋外音楽堂が完成する／稲佐山ロープウェイが開通する／稲佐山展望台が完成する／浦上天主堂が再建される／村松村の大部分が長浦村と合併し琴海村となる／時津町が村松村子々川郷を編入する	皇太子ご成婚
昭和35年（1960）	眼鏡橋が国の重要文化財に指定される／外海村が町制施行し外海町となる	カラーテレビ本放送開始
昭和36年（1961）	天皇皇后両陛下が長崎市に行幸啓される／国際体育館が完成する／香焼村が町制施行し香焼町となる	
昭和37年（1962）	長崎市が茂木町、式見村を編入する／伊王島村が町制施行し伊王島町となる／小ケ倉海面埋立工事が完了する／長崎市公会堂が完成する／第１回長与村民体育大会が開催される	
昭和38年（1963）	長崎市が東長崎町を編入する	
昭和39年（1964）	第１回長崎市民体育祭が開催される／第１回長与村文化祭が開催される	東海道新幹線開業／東京オリンピック開催
昭和40年（1965）	稲佐橋立体交差が開通する	
昭和41年（1966）	長崎市庁舎別館が完成する	
昭和42年（1967）	長崎バイパスが開通する／長崎スカイランドが建設される	三億円事件
昭和44年（1969）	琴海村が町制施行し琴海町となる／長与村が町制施行し長与町となる／長崎玉屋が開店する／市営交通船が廃止される	長崎県を舞台に第24回国民体育大会夏季秋季大会が開催される
昭和45年（1970）	長崎開港400年記念祭が開催される	日本万国博覧会開催
昭和46年（1971）	長崎交通公園が開園する	
昭和47年（1972）	国鉄浦上新線が開通する	沖縄返還
昭和48年（1973）	長崎市が三重村を編入する／長崎市が時津町の一部を編入する	第一次石油ショック
昭和49年（1974）	東望の浜の埋立工事が完了する	
昭和50年（1975）	長崎市が広島市と平和文化都市提携調印	長崎空港が開港する
昭和56年（1981）	ローマ教皇ヨハネ・パウロ二世が来崎する	
昭和57年（1982）	長崎大水害が発生する	中央自動車道全線開通
昭和60年（1985）	長与ダムが完成する	
昭和63年（1988）	長与町新庁舎が完成する	
昭和 64 年／平成元年	長与町図書館が開館する	昭和天皇崩御、平成と改元

監修・執筆・編集協力者一覧／凡例

（五十音順・敬称略）

■監修

越中《えっちゅう》哲也《てつや》（長崎歴史文化協会理事長）

岡林《おかばやし》隆敏《たかとし》（長崎大学名誉教授）

■執筆・編集協力

赤瀬《あかせ》　浩《ひろし》（長崎市長崎学研究所）

井手《いで》勝摩《かつま》（ＮＰＯ法人長崎史談会幹事）

入江《いりえ》清佳《さやか》（長崎市長崎学研究所）

徳永《とくなが》　宏《ひろし》（長崎市長崎学研究所）

野田《のだ》和弘《かずひろ》（ＮＰＯ法人長崎史談会専務理事）

原田《はらだ》博二《ひろじ》（ＮＰＯ法人長崎史談会会長）

藤本《ふじもと》健太郎《けんたろう》（長崎市長崎学研究所）

松田《まつだ》　斉《せい》（ピースバトン・ナガサキ）

山口《やまぐち》広助《ひろすけ》（長崎歴史文化協会理事）

凡例

一、本書は、長崎市、西彼杵郡長与町、時津町で撮影された、主に昭和時代の写真を、テーマごとに分類して収録したものである。

二、本書に掲載した写真解説文には、原則として、末尾〈　〉内に撮影地点の現在の地名（大字まで）、写真撮影年代、提供者名を表記した。例外として、航空写真や俯瞰撮影など、撮影地点が広範囲にわたる場合や、撮影地が不確かな場合は、自治体名の表記のみにとどめた場合がある。

三、解説文中の名称や地名は、写真撮影当時一般的だった呼称を使用した。現在使用されていない名称や地名には、適宜（　）内に平成三十年九月現在の呼称を表記した。

四、用字用語は、原則として一般的な表記に統一したが、執筆者の見解によるものもある。

五、文中の人名は原則として敬称略とした。

▲四海楼二代目陳揚俊の竜頭船型の精霊船〈長崎市籠町・昭和40年・提供＝中華料理四海楼〉

1 戦前の暮らしと風景

昭和の幕開けは、それまでの大正の世とは異なり、暗く厳しいものを予感させるものであった。果たして昭和二年金融恐慌が起こり、更に同四年世界大恐慌が起こった。日本国内は大不況に陥り、多くの企業が倒産するなど、人びとの生活は困窮を極めた。特に農村部の疲弊は甚だしかった。

長崎市は明治以降、産業都市として発展してきたことから、造船業、石炭業、水産業などの各産業が地域経済を支え、大不況の波をかろうじて凌いでいた。

特に造船業では、いち早く近代化に成功し、日本の造船業界でトップの位置にあった三菱長崎造船所が、昭和に入り次々と大型の艦船を建造していた。昭和三年には世界屈指といわれた豪華大型客船「浅間丸」（一万六千九百四十七トン）が進水した。また同十一年、港外の香焼島に川南工業が設立され川南造船所が誕生、目覚ましい発展を遂げていた。

交通においても、大正十五年、交通のネックであった日見峠に国道トンネルが完成し、交通渋滞は大幅に改善された。また鉄道では昭和五年、長崎駅から出島埠頭までの臨港鉄道が開通し、日華連絡船と連結された。このようにして不況下にありながらも長崎市は拡大を続けていた。

昭和五年の第三回国勢調査では、長崎市の人口は二十万四千六百二十六人で全国では第九位、九州では福岡市に次いで第二位であった。更に同十三年、小榊、土井首、小ヶ倉、西浦上の四カ村が長崎市に編入され、市面積は四十一平方キロから九十一平方キロとなった。

このような中で市民の生活は、いわゆる昭和一桁の時代までは、やや窮屈でありながらも、春のハタ揚げ、夏のペーロン、盆の精霊流し、そして秋のくんちなど、市民は昔ながらの行事をささやかにでも楽しむ余裕があった。しかし昭和十二年、盧溝橋事件を発端とする日中戦争の開戦とともに、長崎の街も市民の生活も、戦時体制の中にいやおうなく組み込まれていった。

（野田和弘）

▲長崎駅前にあった大同商会　建築材料を扱っており、当時は三輪バイクで材料を運んでいた。写真左上にはJOAG放送局（現在のNHK長崎放送局）がある。この周辺は昭和20年の原爆により焼失し、のちに道路整備がなされて、現在は電車通りとなっている。〈長崎市西坂町・昭和10年代・所蔵＝今村正氏／提供＝ピースバトン・ナガサキ〉

▲丸山検番の芸妓　明治期以降、料亭の台頭で芸妓を中心とした花街文化が花開き、丸山検番と長崎町検番が誕生。最盛期の昭和初期には、丸山に東、南、南廓《なか》の３軒の検番があり、本紙屋町には長崎町検番など数百人の芸妓が在籍していた。写真は丸山検番で建物は旧妓楼松月楼である。長崎くんちの折の写真であるが、バチを持っているところから芸妓は地方《じかた》で後ろの台は壇尻である。〈長崎市丸山町・大正期〜昭和初期・提供＝木下廣子氏〉

▲医大の学生たち　写真は現在の坂本３丁目、現在の穴弘法寺の上付近であろう。中央左に原爆によって倒壊する前の初代浦上天主堂や、長崎医科大学のグラウンドが見える。当時の浦上は畑地ばかりで山々に囲まれていたことが分かる。〈長崎市坂本・昭和４年・提供＝井形宣英氏〉

◀浜口町の傘屋　長崎市北部の浜口町にあった安部傘屋である。まだまだ、油紙を張った番傘の時代だった。写真左下に見えるようなモルタル製の防火用水の水溜が町中いたる所にあり、この時代、木造家屋が建ち並ぶ市街地では火事の対策に力を入れていた。〈長崎市浜口町・昭和10年代・提供＝長崎原爆資料館〉

▶京松自転車店の精霊船　長崎市北部の浜口町にあった京松自転車店。現在の国道206号沿いで、浜口町交差点から下の川までの区間には石畳の歩道とアカシヤの並木が整備され、浜口町住民の自慢のひとつであった。中央に写るのは8月15日の旧盆に繰り出す精霊船で、まだ車輪を使わない伝統的な精霊船の造りがよく分かる。長崎近郊の精霊船はかなり巨大で中国の彩舟流しに端を発すという。喪主などは正装の紋付き袴で流し場までお供するのが常である。日蓮宗の檀家であろう、帆に法華曼荼羅が描かれている。〈長崎市浜口町・昭和11年頃・所蔵＝今村正氏／提供＝ピースバトン・ナガサキ〉

◀旧浦上刑務支庁舎　前身である長崎監獄は片淵にあったが、付近の市街化が進んだ昭和3年、浦上の岡町（現平和公園）に移転した。その時、建てられたのが写真の庁舎である。昭和20年の原爆投下による被害を受け閉鎖。煙突だけが残った。日本人のほか中国人、韓国人を含む受刑者や職員など134人が犠牲となった。現在、平和公園には当時の基礎石など遺構が残っている。〈長崎市松山町・昭和10年・提供＝瀬戸口光子氏〉

▶長崎濱町郵便局　現在、浜町商店街付近には郵便局はないが、昭和初期から昭和30年代まで旧東濱町、現在のバッグの多津屋付近に開局していた。〈長崎市浜町・昭和12年・提供＝井形宣英氏〉

◀通信講習所の生徒たちが柳通りにて　現在のベルナード観光通りでの一枚。もともとは中央に水路が走り明治24年頃、水路沿いに柳や山桐が植えられると柳通りと呼ばれた。大正15年に水路が暗渠化され、さらに昭和12年、市街地縦貫道路計画による道路拡張で大通りができると、多くの商店などが建ち並ぶようになる。同24年、長崎が国際文化都市を宣言した頃、柳通りは観光通りと改称した。〈長崎市浜町・昭和13年頃・提供＝持丸瑞彌氏〉

▶豪華な雛飾り　昭和14年当時の雛飾りである。一般家庭ではあまり見られない宮型の雛飾りが2組も並ぶ。タンスに鏡台、裁縫道具といったお道具一式も揃っており、市松人形が豪華さに花を添えている。また、市松人形などはこの時代の子どもにとって格好の遊び道具でもあった。〈長崎市中小島・昭和14年・提供＝佐々一久氏〉

▶上海航路に就航した長崎丸　大正12年から日本郵船は日華連絡船（長崎～上海間）の航路を有していた。この航路には当時、長崎丸と上海丸が就航し週２回で、所要時間は26時間であった。しかし、昭和17年、長崎丸が伊王島沖で機雷に接触して沈没。翌年には中国揚子江沖で上海丸が事故によって沈没し、日華連絡船は廃止され姿を消した。〈長崎市内・昭和14年・提供＝大平吉之氏〉

◀崇福寺にて　黄檗宗聖壽山崇福寺は寛永６年（1629）唐僧超然を中国から招致して創建。大雄宝殿や第一峰門は国宝で、明末清初の文化を色濃く残す建物である。写真左上が第一峰門。右は重文の護法堂である。原爆の被害を受ける前の珍しい一枚である。〈長崎市鍛冶屋町・昭和14年・提供＝持丸瑞彌氏〉

▶片淵にて　片淵はもともと長崎村片淵郷といい、田や畑のある農村地帯で、明治22年の市制町村制の施行により上長崎村片淵郷、同31年長崎市片淵郷、大正２年片淵郷が片渕町１～３丁目に分けられた。長崎市街地に組み込まれてからは次第に住居も増え宅地化されていった。写真は祖母、母子が盛装で、赤子も晴着であることから正月の記念写真と思われる。〈長崎市片淵・昭和10年・提供＝小川道子氏〉

▶皇紀 2600 年奉祝記念運動会の優勝旗と飽浦尋常小学校の選手　皇紀とは日本書紀に記された日本独自の紀年法のことで、神武天皇が即位した年（西暦紀元前 660 年）を元年とする。昭和 15 年は皇紀 2600 年にあたり、当時の日本は日中戦争から太平洋戦争へと戦況が激化する頃で、全国で皇紀 2600 年記念行事が行われた。これは国威発揚の意味合いが大変強い行事だったといえる。写真は区別対抗リレーで優勝した第 8 区選手たち。〈長崎市飽の浦町・昭和 15 年・提供＝石川敬一氏〉

◀料亭・富貴楼《ふうきろう》の正月風景　富貴楼は明暦年間（1655 ～ 1658）創業の料亭・吉田屋にはじまると言われている。明治 22 年、伊藤博文の命名で富貴楼となった。数々の名士が訪れる長崎を代表する料亭であり、平成 19 年には国の有形文化財に登録されたが、同 29 年 6 月をもって閉店、翌年に解体された。〈長崎市上西山町・昭和 10 年頃・提供＝黒崎雄三氏〉

▶本河内水源地の桜の木の下で　背後に写るのは長崎市本河内 1 丁目にある水神神社。もとは中島川の中流域、八幡町にあったが市街地の拡大で大正 9 年、現在地に移転した。そばには長崎の水源である本河内水源地があり、戦前、本河内水源地は中川町のカルルスと並び桜の名所であった。社殿下に見える空洞は水道トンネルの入口で、本河内水源地の水を約 1.5 キロメートル先にあった西山低部水源地（浄水場）へ送水するための水路があった。〈長崎市本河内・昭和 15 年・所蔵＝今村正氏／提供＝ピースバトン・ナガサキ〉

▶山王神社へ金の御幣奉納　金幣《きんぺい》（金箔が貼られた御幣《ごへい》）の奉納を記念して撮られた写真である。奉納者は浜口町上之組。〈長崎市坂本・昭和５年・所蔵＝今村正氏／提供＝ピースバトン・ナガサキ〉

◀写真館前で記念の一枚　浜口町の建築資材店主が小型運転免許を取得した際の記念に撮影。場所は旧浜口町55番地北岡写真館前で、撮影も同写真館によるとみられる。〈長崎市浜口町・昭和13年・所蔵＝今村正氏／提供＝ピースバトン・ナガサキ〉

▶浜口町にあった第五分団の消防車　浜口町警防団消防部車庫で警防団員を撮影したもの。この車庫は旧浜口町23番地（現長崎北郵便局向かい付近）にあったとみられる。後方の旗には「長崎警防団第五分団」と書かれている。団員が乗る方の車種は「CHEVROLET（シボレー）」である。〈長崎市浜口町・昭和18年・所蔵＝今村正氏／提供＝ピースバトン・ナガサキ〉

▲日蓮宗本蓮寺 写真は檀家である報恩講の人びとが日蓮上人の650遠忌の法要（御《お》会《え》式《しき》）に参加した後に撮られたもの。階段上の建物は二天門（楼門）で、中央の通り抜けを挟んで左に持国天、右に毘沙門天が安置されていた。昭和20年の原爆によって大破、のちに焼失する。〈長崎市筑後町・昭和6年・所蔵＝今村正氏／提供＝ピースバトン・ナガサキ〉

▶山王神社の三の鳥居の前で 戦時色が強まっていくなか、日蓮宗の檀家の集まりである報恩講も、お題目を唱えながら戦勝祈願、国難打開などを祈念し市内各地を回っていたのであろう。山王神社の三の鳥居は昭和20年の原爆により大破。背後の2本のクスノキも一瞬にして焼け落ちたが、数年後、若芽が芽吹き、今も被爆クスノキとして生き延びている。〈長崎市坂本・昭和10年・所蔵＝今村正氏／提供＝ピースバトン・ナガサキ〉

▶盛大な葬儀　昭和13年、長崎市鳴滝の旧制長崎中学校グラウンドで行われた陸軍歩兵上等兵の葬儀のようす。市の段取りで行われた。当時は長崎要塞司令部によって写真が検閲、上部は山の形がわからないように加工されている。〈長崎市鳴滝・昭和13年・提供＝倉田喬氏〉

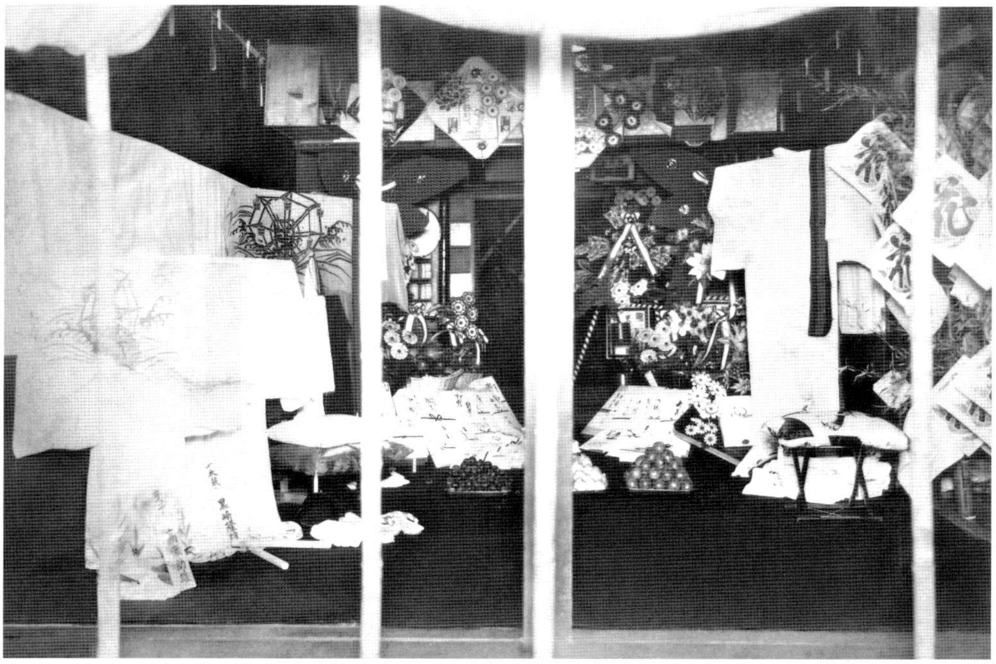

◀長崎くんちの庭見せ　長崎くんちの踊町《おどりちょう》は10月7日の本番を前に10月3日の夕刻から庭見せを行う。本番に使う衣装や道具などを披露し心意気を示す。併せて知人などから贈られた御花《おはな》（御祝儀）が披露される。写真の左右は本番の衣装、中央奥には果物や生花、祝儀袋が並ぶ。今も昔も変わらない長崎くんちの定番、栗、桃饅頭、ザクロも山盛りである。〈長崎市恵美須町・昭和11年・提供＝黒崎雄三氏〉

▶船津町の川船　諏訪神社の例大祭「長崎くんち」では毎年当番の踊町が各町ゆかりの演《だ》し物《もの》を奉納する。船津町は江戸時代、岩原川の河口で、多くの船が出入りしていた歴史にちなみ川船を奉納していた。船津町は昭和20年の原爆の影響で町域はほぼ焼失。同38年の町界町名の変更で現在の恵美須町と金屋町などに変わり、船津町の名は今は存在していない。〈長崎市恵美須町・昭和4年・提供＝黒崎雄三氏〉

▶諏訪神社にて寄合町警備団発会式の記念写真
日本はこの年に国際連盟を脱退、大陸への進出の動きを強めていく。そして一般市民の間でも警戒意識が生まれ警備団などの組織が立ち上げられた。長崎人はこうした折、清祓いに氏神である諏訪神社へ赴く。1列目の町の役員が手に持つカンカン帽から、6月の「小屋入り」後の発会であると思われる。〈長崎市上西山町・昭和8年・提供＝佐々一久氏〉

◀▼田上街道を行く　長崎市街地から茂木に至る道を茂木街道といい、途中の地名を取って小島街道や田上街道とも称していた。明治に入り人力車や馬車が登場すると山間部を避けるルートが造られた。東小島～弥生町～田上、油屋町～愛宕～田上など複数のルートも生まれ、長崎～茂木間は目まぐるしく発展する。〈長崎市茂木町・昭和11年・提供＝井形宣英氏〉

▲茂木の海岸から雲仙岳を望む　茂木街道の発展は雲仙島原半島や天草の発展につながり、道路の開通によって長崎市の中心地である浜町から茂木港まで木炭バスが走り、さらには茂木～小浜、茂木～天草といった観光ルートも誕生し賑わいを見せた。写真は島原半島の雲仙岳の姿をはっきりととらえる。〈長崎市茂木町・昭和11年・提供＝井形宣英氏〉

◀中川カルルス　明治22年頃、県知事日下義雄が中川から長崎街道沿いに数千本の桜を植樹し沿道を整備した。明治33年には、安田伊太郎と上長崎村の有志が伊良林付近に浴場を開設。浴場にはチェコスロバキアのカールス・バードの湯の花を水に溶かしカルルス温泉として営業し、市民の憩いの場となった。その後、第二次大戦のあおりで廃業。現在、料亭橋本庭園内にある桜はカルルス時代の桜といわれている。〈長崎市中川・昭和12年・提供＝井形宣英氏〉

▲東望の浜　東望の浜は現在の長崎中央卸売市場付近にあった海岸で明治半ばまでは潮干狩りや浮立などが行われていた。明治後期以降、日本に海水浴という文化が伝わると海水浴場として開かれ、長崎市内や近郊の人びとで賑わった。写真左の山は東望山、右奥が八郎川の河口で矢上の中心地がある。〈長崎市田中町・昭和９年・提供＝井形宣英氏〉

▲大日本国防婦人会　日中戦争が始まり戦況が激化する頃で、国威発揚の行事が多く行われるようになった。撮影場所は旧香焼村役場付近で、後方には明治31年、深堀村からの分村を記念して建てられた分村記念碑（大正２年建立）が見える。〈長崎市香焼町・昭和13年・提供＝長崎市香焼図書館〉

▲川南工業香焼島造船所の作業風景　川南工業香焼島造船所は昭和17年、海軍管理工場となるも戦況悪化のため衰退し、そのまま同20年の終戦を迎える。空襲による被害は少なかったが軍需工場は解体され、多くの人びとが島を離れることとなった。写真は川南工業香焼島造船所が盛況であった頃のひとコマである。〈長崎市香焼町・昭和10年・提供＝北園逸子氏〉

▲川南工業香焼島造船所10万トンドックの進水式　明治35年、松尾鉄工所が始めた香焼島の造船所は昭和初期の恐慌で衰退。昭和11年、川南工業に買収され、翌12年、香焼島造船所が誕生する。その後、時代は戦時色が強くなり造船所は軍事施設と化し一時は日本一の建造量を誇った。写真は当時の進水式のようすである。〈長崎市香焼町・昭和10年代後半・提供＝長崎市香焼図書館〉

▲旧香焼村役場　昭和４年、前年の昭和天皇の御大典を記念して行われた香焼村役場の改築だったが、当時の村の財政は窮乏していたため費用の多くを寄付で賄った。寄付は東京や大阪、遠くは台湾に至るまで香焼出身の知名士を訪ねて募った。写真右にある石碑はその時の寄付者名碑であり、現在も第一児童公園内に残っている。〈長崎市香焼町・昭和初期・提供＝長崎市香焼図書館〉

▲香焼の港　香焼村の里地区と浦地区を総称して本村と称す。香焼村の中心地であり政治、経済、文化の中心地として栄えた。古くは平安時代の空海がこの地に訪れたという伝説も残っている。写真左上には竣工したばかりの旧香焼村役場と寄付者名碑が建っているのがわかる。〈長崎市香焼町・昭和初期・提供＝長崎市香焼図書館〉

絵はがきに見る長崎市内

※写真提供はすべて岡林隆敏氏

▶東濵町①　右の建物は幕末に創業した藤瀬呉服店で、通りの立て看板に創業75年とあることから、写真はおそらく昭和の初め頃だろう。この日はちょうど大売り出し日でたくさんの横断旗が賑わいを創出している。奥に見える横断幕には右書きで「左側通行」とある。右側奥の洋館は二枝べっ甲店。左は藤原帽子店である。〈長崎市浜町・大正後期～昭和初期〉

◀東濵町②　現在の浜町アーケード街である。右から石丸文行堂、高橋呉服店、松添雑貨店と続き、その先の大きな洋館は二枝べっ甲店。昭和８年に建てられた石丸文行堂は浜町界隈で初の鉄筋コンクリート造であった。なお、石丸文行堂の「文具商」の看板は今も店内で見ることができる。〈長崎市浜町・大正後期～昭和初期〉

▶浜町商店街①　スズラン灯の完成は昭和３年、昭和天皇御大典記念にあわせたもので長崎初の装飾施設となった。完成当初から、そのモダンな雰囲気に長崎市民の関心が高かった。左には浜町四つ角の岡政呉服店、右の高い建物は二枝べっ甲店の洋館。天秤棒を担ぐ人の姿や自転車、人力車など当時の風俗がわかる１枚である。〈長崎市浜町・昭和初期〉

◀浜町商店街②　浜町商店街の売り出しのようすだろうか。右は石丸文具店、高橋呉服店、左はキリンビールの看板を掲げる酒類卸の高木甚四郎商店、山崎博多屋、今も昔も道幅は変わらない。〈長崎市浜町・昭和7年頃〉

▶浜町商店街③　鐵橋側から鍛冶屋町方向を望む。中央の電柱に「岡政デパート」とあることから、岡政デパートが創業した昭和9年以降の写真であることがわかる。岡政デパートは、木造モルタル3階建ての長崎初となる百貨店で、エレベーターガールが話題を呼んだ。その電柱の先には金太郎帽子店が見える。突き当りの山は愛宕山で、アーケードがなければ今も望むことができる。〈長崎市浜町・昭和10年頃〉

◀柳通り①　現在のベルナード観光通り。写真は浜町四つ角から万屋町を望む。左手前から大徳帽子店、川島洋服店と続き、右には岡部呉服店、南靴店がある。川島洋服店のモダンな建物が印象的である。〈長崎市浜町・昭和初期～10年頃〉

▶柳通り②　浜町商店街の四つ角の風景。写真左は貿易商に始まる岡政呉服店。後に長崎初の百貨店・岡政百貨店を創業することになる。くんち前後の祭礼の時期の撮影であろう。〈長崎市浜町・昭和初期〉

◀西浜町電停付近　現在の中央橋交差点東側である。路面電車が思案橋まで開通したのは大正10年。角の建物は明治末期から大正初年にかけて開業した不動貯金銀行長崎支店（現りそな銀行）である。建物の完成は大正3年で、当時としては最先端の鉄筋コンクリート造二階建のセセッション様式であった。なお、中央橋の完成は昭和27年である。〈長崎市銅座町・大正後期〜昭和初期〉

▶丸山花街①　大正時代の丸山花街、寄合町通りのようすである。丸山は江戸時代より日本三大花街とうたわれ、出島オランダ商館や唐人屋敷などがあって海外との交流も盛んで、長崎の歓楽街として栄えた。明治以降も料亭の台頭で芸妓文化が花開き大変な賑わいを見せた。撮影をのぞき込むようすから寄合町の昼間の写真だろうか。〈長崎市寄合町・大正期〉

▶丸山花街②　丸山本通りのようす。道幅や電柱の本数などは今とほとんど変わらない。突き当たりに見える階段は今の料亭・青柳の階段で、正面の山は風頭山と愛宕山である。各家々に幔幕や日の丸、傘付きの御神灯提灯があるところを見ると、この日は長崎くんちの祭礼の日だろうか。〈長崎市丸山町・大正期〉

◀鍛冶屋町通り①　思案橋界隈、長崎を代表する商店街の鍛冶屋町通りである。写真手前左右には思案橋の欄干があり、商店街の入口には「鍛冶屋町」と右書きで記されたスズラン灯のアーチがある。左は思案橋電停横にあった食堂などが入る建物で、右の平石時計店は江戸時代の創業である。〈長崎市鍛冶屋町・昭和９年〉

▶鍛冶屋町通り②　思案橋から寺町方向を望む。大正９年の地図を見ると思案橋から入ったところに長崎貯蓄銀行とあり、写真右のモダンな建物がそれである。提灯立てと傘が見え、秋の長崎くんちの頃の撮影であろう。〈長崎市鍛冶屋町・昭和初期〜10年頃〉

▲長崎停車場　長崎への鉄道の乗り入れは明治 30 年のことで、当初は長崎～長与間であった。その長崎駅は現在の浦上駅で、同 38 年に長崎港湾改良工事で埋立工事がなされた後、延伸され現在の長崎駅が置かれた。その際、旧長崎駅は浦上駅と改称した。写真は初代長崎駅舎でモダンな様式が市民の目を引いた。〈長崎市尾上町・大正期〉

▲国際産業観光博覧会　昭和 9 年に開催された国際産業観光博覧会はメイン会場が長崎市「中の島」で、他会場の雲仙もあわせて 3 月 25 日から 5 月 23 日にわたる会期中の入場者数は 62 万 8,784 人と、盛況を博した。写真は郷土の歴史を紹介した長崎館。〈長崎市尾上町・昭和 9 年〉

▲大波止交差点から長崎県庁と長崎警察署を望む　正面の坂道奥の建物が長崎県庁。その手前は真新しい長崎警察署（市警）である。長崎警察署の新庁舎は大正 12 年に建てられ、昭和 43 年まで使用されていた。後に長崎県庁第 3 別館として平成 29 年まで使用される。警察署の手前には後に建物疎開で解体される文明堂総本店がある。〈長崎市江戸町・昭和 10 年頃〉

▲日見トンネル　明治期以降、日見峠は日見新道の開通で馬車や人力車などの車の往来が活発化。利用者からトンネルや道路の改修が叫ばれるようになり、大正 15 年ようやく日見トンネルが開通した。延長 640 メートル、幅員 7.39 メートルで、トンネルの上部はコンクリートブロックで固められた日本最初の人道トンネルである。〈長崎市芒塚町・大正 15 年頃〉

フォトコラム　戦時下の日々

昭和十二年日中戦争がはじまり、翌年に国民総動員法が施行され国民は国家の統制下に置かれた。それでもまだ生活に不自由するほどではなく、統制もさほど厳しくはなかった。

出征兵士には、武運長久の願いを込めた千人針や寄せ書きをした日章旗を贈り、幟旗を立て町内こぞって送っていた。また戦死した軍人の遺骨（英霊）も皆で迎えていた。戦争が激化するにつれ、このような余裕はなくなり行事はなくなった。

昭和十六年に太平洋戦争が始まると日常生活は徐々に圧迫され、米穀はじめ衣服などが配給制になり、「贅沢は敵だ」「欲しがりません勝つまでは」のスローガンのもと、いろいろな日常品が手に入らなくなった。特に砂糖がなくなり甘味はサツマイモやカボチャなどで代用した。

服装は国民服が強制され、女性は老いも若きもモンペを着るようになる。家ごとに防火用水槽を置き、防火訓練が頻繁に行われ、欠席は許されなかった。

若い人達はほとんど戦場や工場に駆り出され、内地に残った人びとや婦人たちで防護団などが編成され、学生は工場や農村に動員され学習時間は大幅に減った。

下に農家の一家が揃った写真がある。写真に写る父親が普段着なので趣意は違うものの、これを見ると戦争末期、四十歳を過ぎた私の父にもいつ召集令状が来るかもしれないという状況のなか、最後の写真になるかもしれないと、悲壮な思いで一家揃って写真館に行ったことを思い出す。

敵機が飛来するようになると、あちこちに防空壕が掘られ、焼夷弾攻撃に対し家屋の天井板を除去させられた。空襲警報は毎日のように発令され、夜は灯火管制が厳しくなり、僅かの光が漏れても厳しく注意され、スパイ呼ばわりされるので、僅かに灯した電灯を黒布で覆ってびくびくしながら過ごした。

昭和二十年八月九日、長崎は一発の原子爆弾で全てを失い、筆舌に尽くし難い悲惨な状況になった。

このような状況下で終戦の玉音放送を聞いた。天皇陛下の声を初めて聴いたが、感涙より空襲がなくなった実感が強かった。

（井手勝摩）

▲戦時中の農家家族　右端の男の子は国民服にゲートル巻きで、まさに軍国少年といった姿である。〈西彼杵郡長与町高田郷・昭和10年代後半・提供＝森君代氏〉

◀警防団消防部による出征兵士送別会　昭和17年12月、第五警防団消防部長宅で行われた、出征兵士送別会の記念撮影。警防団は昭和14年4月、それまでの消防組を改組、長崎市域を5系統に分けて発足し、浜口、山里町一帯は長崎警防団第五分団に属していた。背後には寄せ書きや日の丸の昭和天皇の御真影とともに、浦上地区らしくカトリックの祭壇も見える。〈長崎市浜口町・昭和17年・所蔵＝今村正氏／提供＝ピースバトン・ナガサキ〉

▲中小島南部の女子防護団　防護団は、防空活動を遂行する団体として、陸軍の肝煎りで昭和7年に組織された。同14年に消防組と統合され警防団となる。前列中央の銅鑼を持つのは係長。〈長崎市中小島・昭和10年代・提供＝佐々一久氏〉

◀ツル茶ん前で出征風景　出征するのは大正14年に創業した喫茶店・ツル茶んの創業者である川村岳男。周りにこれを祝う幟《のぼり》が立つ。〈長崎市油屋町・昭和12年・提供＝川村忠男氏〉

▼本博多郵便局にて　保険受持10万件達成を記念して撮影。太平洋戦争が開戦して約一年経った頃の写真である。緒戦は破竹の勢いを見せた日本軍であったが、昭和17年6月のミッドウェー海戦での敗北以降、戦況は一気に劣勢へと向かっていく。〈長崎市万才町・昭和17年頃・提供＝川口和男氏〉

▶警防団の集合写真　昭和14年、消防や警察の補助組織として消防組を警防団に改組し結成された。山王神社二の鳥居（現一本柱鳥居）の下で撮られた一枚。〈長崎市坂本・昭和19年・提供＝廣瀬写真館〉

▼戦時中の葬式　戦争末期の葬儀の風景。食料不足のため、お供え物は木製だった。〈長崎市御船蔵町・昭和19年・提供＝川口和男氏〉

2 戦前・戦中の教育

　近代国家として成立したばかりの明治政府は、教育は国の根幹と考え、まず学校制度を整えた。国の端々といえども無学の者をなくし、国民すべてが一定の教育水準を持つという目標が達成されたのは、就学率九十パーセントを超えた明治三十三年ごろのことであった。

　戦前の教育は大きく分けて、現在の義務教育にあたる尋常、高等小学校。中等教育の旧制中学校や高等女学校、実業学校。高等教育の旧制高等学校、高等師範学校、専門学校。最高学府としての大学、大学院等があった。他に官立の諸学校があり、貧しくても勉学に励むことで、立身する道が開かれていた。

　小学校を終えた児童の多くは高等科に進み、卒業後就業した。一部は中学校や高等女学校に進み、さらにその中の一部が大学、大学院へと進学した。きわめて狭き門であった大学を卒業した者は「学士様」として地域の誇りとされたそうである。

　一方、女子教育に関しては、「良妻賢母」の育成が目標であった。女子の中等・高等教育は県立学校だけでなく、私学が主導してきた。長崎西彼では、活水学院、純心女子学園、鶴鳴学園、長崎女子商業などの私立学校が現在も伝統を継いでいる。

　日本は、日清戦争、日露戦争、第一次世界大戦と戦争のたびに多くの犠牲者を出したが、学校教育もまた、戦争の影響は避けられなかった。第一次世界大戦後の軍縮で、陸軍4個師団が廃止されたことで余剰となった将校が中学校以上の学校に配属された。結果として学校の軍事教練が強化され、さらに小学校でも「忠良なる臣民の育成」を目指して、教育内容に軍事色が濃くなった。

　昭和十六年、国民学校令によって、小学校が国民学校と改称され、国家総動員の名のもとに小学生から戦争に正対しなければならない時代となった。

　当時の記念写真からは、ゲートル、木銃、軍事教練などの軍事色が見てとれる。とりわけ、制服と着物、ゴム靴とわら草履が入り混じる集合写真などには、戦前戦中の世相が鮮やかに映し出されていると言えるだろう。

（赤瀬　浩）

▲長崎市立商業学校の生徒たち　安政5年（1858）に開設された英語伝習所が同校の創始である。明治18年、九州初の商業学校となる公立長崎商業学校が設立され、翌年には県立となり、岩原郷立山に校舎を置いた。油木町への移転は昭和8年のことである。〈長崎市油木町・昭和18年・提供＝矢野平八郎氏〉

▲鎮西学院　同校は明治14年、宣教師によって設立されたカブリー英和学校（加伯利英和学校）を起源とする。同22年鎮西学院と改称し、煉瓦造の二階建て校舎を新築した。大正14年に竹の久保にあった要塞砲練兵場の払い下げを受け、東山手町から移転している。写真は4年生の生徒たち。〈長崎市竹の久保町・昭和18年・提供＝島田光子氏〉

▲長崎女子商業学校の生徒たち　増え続ける進学希望者に対応するために大正14年、興福寺内に長崎商業女学校として開校した。翌年、長崎女子商業学校と改称し昭和11年、新町（現興善町）に移転している。写真の生徒はほとんどがモンペ姿である。校舎は原爆で全焼した。〈長崎市興善町・昭和18年頃・提供＝黒崎雄三氏〉

▲県立長崎高等女学校　明治34年に創立した。その後、教室や附属施設の整備が順次行われ、昭和5年に鉄筋コンクリート造四階建ての校舎が新築されている。〈長崎市下西山町・昭和17年・提供＝瀬戸口光子氏〉

▶銃を手にした瓊浦中学校の生徒　大正12年の創立。開校当初、取り壊す予定であった重砲兵舎を校舎として充てた。しかし、古く粗末な建物では充分な教育活動が行えないと問題になり、翌年に新校舎が建設されている。写真は軍事教練の時に撮られたもの。〈長崎市竹の久保町・昭和5年頃・提供＝川口和男氏〉

▲通信講習所の実習風景　大正時代に入り、積極的に整備された電報通信網に対応するため、通信技術者の養成が急務となった。大正 10 年、全国に逓信講習所が開設され、長崎市でも、現在の麹屋町公園の場所に設置された。写真はモールス通信の講習のようすであろう。〈長崎市麹屋町・昭和 13 年・提供＝持丸瑞彌氏〉

▶鶴鳴高等女学校　明治 29 年、技芸を修め独立した婦人を育てることを目的に、笠原田鶴子により設立された。同 34 年に私立鶴鳴女学校と改称、45 年には鶴鳴実科高等女学校、大正 9 年に鶴鳴高等女学校となっている。写真の生徒は時局柄、モンペを着用している。後に長崎女子短期大学や付属幼稚園を擁する鶴鳴学園の長崎女子高校となった。〈長崎市上小島・昭和 18 年頃・提供＝北園逸子氏〉

▲勝山尋常高等小学校の新校舎　同校は明治6年、第一番小学・向明学校として創立した。同7年に勝山小学校と改称し、5カ所の分校を置いたが、学び舎には民家が充てられていた。以降、幾度かの分離や改称を経て、大正13年に勝山尋常高等小学校となる。写真の校舎は昭和11年に建てられたもので、廊下が100メートルあったという。〈長崎市勝山町・昭和11年頃・提供＝瀬戸口光子氏〉

▲勝山国民学校の校庭で　市内では珍しかった広い校庭での1枚。昭和16年、皇国民育成のため、国民学校令が施行され、全国の尋常・高等小学校は国民学校となった。〈長崎市勝山町・昭和16～20年頃・提供＝小川内クニ子氏〉

◀飽浦尋常高等小学校　明治8年、飽浦小学校として開校した。同29年、現在地に木造校舎が建てられ、昭和5年にコンクリート造の校舎が新築されている。同15年に高等科を淵高等小学校へ移管し、飽浦尋常小学校と改称している。写真が撮られた頃は日中戦争の真っただなかであり、児童が着用している服や帽子、ゲートルが時局を表す。〈長崎市飽の浦町・昭和14年頃・提供＝石川敬一氏〉

▶飽浦尋常高等小学校の運動会　玉入れが今まさに始まろうとしている。児童たちは前傾姿勢で身構える。校庭はもちろん、周りの家々にも見物する人の姿が見える。〈長崎市飽の浦町・昭和14年頃・提供＝石川敬一氏〉

◀飽ノ浦幼稚園のクリスマス会　大正12年に設立された私立幼稚園である。クリスマス会で演劇を行ったのであろう、衣装を着けた子どもたちが並ぶ。〈長崎市飽の浦町・昭和11年頃・提供＝石川敬一氏〉

▶戸町国民学校の児童たち　戸町小学校として明治11年に開校した。写真は戦争末期、敗戦色が濃くなった頃だが、子どもの表情に暗さはなく笑顔も見える。〈長崎市戸町・昭和19年・提供＝瀬戸口光子氏〉

◀西坂尋常高等小学校の女子児童　大正8年、人口増による学校不足に対処するために新設された。昭和13年に県内初の学校給食が始められている。写真の女子児童は皆おかっぱである。〈長崎市御船蔵町・昭和15年頃・提供＝黒崎雄三氏〉

▶佐古尋常高等小学校　明治39年、開校。当初、小島にあった元第五高等学校医学部分教室を校舎としていたが、大正14年に鉄筋コンクリート造三階建て校舎が完成している。〈長崎市西小島・昭和16年・提供＝佐々一久氏〉

▶伊王島尋常高等小学校　明治23年、伊王島北部に設立された。同31年に島の南部に沖之島尋常小学校が設立され、44年に両校が統合した。昭和5年、台風による被害で校舎が倒壊し、翌年に新校舎が竣工している。児童は学生服やセーラー服、着物や洋服などまちまちである。〈長崎市伊王島町・昭和13年頃・提供＝北園逸子氏〉

◀長与高等実業青年学校　大正4年、長与実業補習学校とし創立し、長与小学校内に併設された。昭和10年、青年学校令よりに大正15年に設置された青年訓練所と統合され、長与高等実業青年学校となっている。昭和14年、青年学校令が改正されると男子の入学が義務制となり、戦時体制をにらんだ軍事訓練と職業教育を施して「産業戦士」を作り上げていった。この年の3月に長与青年学校から長与高等実業青年学校と改称している。〈西彼杵郡長与町嬉里郷・昭和19年・提供＝森君代氏〉

▶長与尋常高等小学校の講堂　明治7年、藩政時代の庄屋家屋を校舎として開校した。写真は昭和11年に完成した講堂の内部である。同時に二階建ての南校舎も完成している。〈西彼杵郡長与町嬉里郷・昭和11年・提供＝長与町役場〉

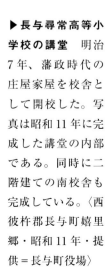

3 終戦直後の暮らしと風景

昭和二十年八月九日十一時〇二分、長崎市松山町の五百メートル上空で、人類史上二発目の原子爆弾が炸裂した。その瞬間数百万度の火球が出現し、数千度の熱線と秒速四百四十メートルの爆風が長崎の町を襲い、町は廃墟と化した。人的被害は死者数約七万四千人、負傷者数約七万五千人、物的被害は被災戸数約一万八千戸、内全焼一万二千戸であった。そして八月十五日終戦をむかえた長崎市民は、原子野と呼ばれたこの焦土の中から立ち上がらなければならなかった。

終戦直後の人びとの暮らしは先ず食料の確保であった。とにかく物が無い時代であったが、食料の不足は特に深刻であった。長崎市では食料危機対策のために、市内への転入禁止令を出し食料疎開などを呼びかけたが、殆ど効果は得られず、市民は買い出しに奔走し、さらには急激なインフレにも苦しめられた。このように人びとは厳しいぎりぎりの生活を送っていたが、一方では一筋の将来への希望も抱いていた。

昭和二十四年五月国会において、長崎国際文化都市建設法が可決された。これは長崎市を、国際文化の向上と恒久平和を達成するための、国際文化都市として建設するという特別法であった。この後長崎の復興は、この特別法に基づいて進められ、被災地の区画整理、道路の建設などの都市計画や、公共文化施設の建築など、その復興はゆるやかではあったが、着実に進行していった。

産業面においては、戦時中軍需産業一色に塗り込められていたが、戦後は平和産業の拠点として新しくスタートした。三菱造船所、三菱製鋼、三菱電機などの各工場は、原材料、燃料、電力などの不足に悩まされながらも生産を続け、地域経済復興の柱となった。特に傾斜生産方式の開始により、石炭と鉄鋼が日本経済再生の鍵とされたため、高島、端島など長崎近郊の炭鉱は増産に取り組み、出炭量を伸ばしていった。

昭和二十一年十一月一日から長崎復興祭が十日間に亘って開催された。市内国民学校児童の鼓笛隊のパレード、市立高女生二百人による復興の歌の大合唱など多彩な行事が繰り広げられ、長崎の街に花電車や花バスが走った。

（野田和弘）

▲復活したくんち　くんちは終戦の年から早くも始められたが、戦火により傘鉾や道具などが焼失した踊町もあったため、規模の小さいものであった。本格的に復活を遂げたのは昭和23年のくんちで、駅前には大きなポスターが貼られ、県内外から多くの見物客が訪れ賑わった。当時の長崎日日新聞は「5年振りの復活」と報じている。写真はこの年の踊町であった東濵町の面々。〈長崎市浜町・昭和23年・提供＝井形宣英氏〉

▲原子野①　銭座町付近のようすである。すさまじい爆風により何もかもが吹き飛ばされ、瓦礫が散らばる。〈長崎市銭座町付近・昭和 20 年代前半・提供＝ハインリ・スコット氏〉

▶原子野②　左に西部ガスタンクホルダーが見える。当時のガスタンクは道路の東側にあった。散乱する瓦礫のわきの中をうなだれるように男性が歩く。〈長崎市八千代町付近・昭和 20 年代前半・提供＝ハインリ・スコット氏〉

▶**三菱長崎製鋼所第４工場**　現在のみらい長崎ココウォーク付近である。爆心地から南へ約1.3キロほどの場所であるが、工場は鉄骨のみとなっている。手前に路面電車の線路が見え、大学病院方向へカーブしている。左に岩屋山が見える。〈長崎市宝町・昭和20年代前半・提供＝ハインリ・スコット氏〉

▲**飛行機から撮影した三菱長崎製鋼所と爆心地付近**　正面に写るのが三菱長崎製鋼所の工場群である。壁や屋根は焼失し、骨組みだけが飴細工のように曲がったまま残る。左に見える橋は梁川橋。〈長崎市茂里町・昭和20年代前半・提供＝ハインリ・スコット氏〉

▶上空から見た原子野　城山町上空から東方向を撮影。左上は浦上天主堂、右上は長崎医科大学附属医院。右下の台地には現在、活水高等学校・活水中学校が建つ。手前を流れるのは浦上川。〈長崎市内・昭和20年代前半・提供＝ハインリ・スコット氏〉

▲壁だけが残った浦上天主堂　明治28年に着工し、30年もの歳月をかけ大正14年に完成した。赤レンガ造の双塔を配した聖堂は当時、東洋一と謳われた。しかし昭和20年8月9日に投下された原子爆弾により破壊され、側壁のみが残った。〈長崎市本尾町・昭和28年頃・提供＝宮川明彦氏〉

▶原子爆弾投下後の原子野　原子爆弾が投下されてから４年後の原子野である。壊れかけた建物と瓦礫が目立ち、今しがた被災したかのような光景である。〈長崎市内・昭和24年・提供＝津場邦彦氏・撮影＝津場貞雄氏〉

▲長崎市街地と長崎港　手前左の尖塔は中町天主堂（現カトリック中町教会）のもの。正面奥には三菱重工業長崎造船所が見える。〈長崎市内・昭和24年・提供＝津場邦彦氏・撮影＝津場貞雄氏〉

▲西坂から見た長崎市内　港内に多くの船が浮かぶ。右下に見える鉄骨の構造物は昭和24年に完成する長崎駅舎。〈長崎市内・昭和24年頃・提供＝津場邦彦氏・撮影＝津場貞雄氏〉

◀朝の眼鏡橋　袋橋の袂から眼鏡橋を見る。眼鏡橋は寛永11年（1634）に興福寺の第2代住職、黙《もく》子《す》如定《にょじょう》によって架けられた。江戸時代までは上流から数えて10番目の橋だったことから「第十橋」と呼ばれていた。眼鏡橋の名称が付けられたのは明治15年のことである。昭和35年に国の重要文化財に指定されている。〈長崎市栄町・昭和24年・提供＝津場邦彦氏・撮影＝津場貞雄氏〉

▲長崎海洋気象台の鉄塔から見る風景　南方向を撮影している。長崎海洋気象台は明治11年、旧長崎村十善寺郷に建てられた長崎測候所が前身である。昭和22年に南山手町に移転し海洋気象台となった。正面の特徴的な建物は明治31年築のマリア園。左の鍋冠山は現在ほど木が繁っていない。〈長崎市南山手町・昭和27年・提供＝津場邦彦氏・撮影＝津場貞雄氏〉

◀ネオンのスズラン灯設置作業　戦時中、スズラン灯は金属回収令によって供出されたが、昭和24年の昭和天皇の長崎行幸を前に再び設置された。作業を見守る男性たちも自然と笑みを浮かべる。当時の西濵町42番地付近にて。〈長崎市浜町・昭和24年・提供＝林田哲男氏〉

▶**蘇ったネオン灯**　この年、念願のネオン灯が復活した。浜町通りを行き交う人びとを懐かしい灯が煌々と照らす。〈長崎市浜町・昭和24年・提供＝津場邦彦氏・撮影＝津場貞雄氏〉

▲**精洋亭ホテル前**　明治17年、西洋料理店兼ホテル（後の長崎グランドホテル）として開業。当時、小島村の福屋、伊良林の自由亭とともに「長崎三大洋食屋」と謳われた。〈長崎市銅座町・昭和25年・提供＝林田哲男氏〉

▲原子爆弾落下中心地で　昭和20年、爆心地をあらわすため、原子爆弾災害調査団によって標柱が建てられた。写真の標柱は木製で昭和23年に建て替えられたものである。〈長崎市松山町・昭和28年頃・提供＝山田スミ子氏〉

◀迷彩色が施されたバス　終戦直後は木炭車しか残っておらず、物資の不足もあり日々の運行にも苦労していた。海軍工廠から戦時中の軍用車だった「迷彩車」の払い下げを受けるなどして急場をしのいだ。路面の悪さに加えて、中古タイヤで運行しなければならなかったため、何度もパンクしたという。〈長崎市内・昭和20年代・提供＝長崎県営バス〉

▲鉄塔の袂で　島原家政学校の生徒たちが長崎市を遠足で訪れた際、JOAG 放送局（現 NHK 長崎放送局）の鉄塔下で撮った一枚。現在の西坂公園付近から南方向を見ている。鉄塔の間に見える尖塔は中町天主堂のもの。その右に見える横長の黒く見える建物は新興善小学校。〈長崎市西坂町・昭和 23 年頃・提供＝島田光子氏〉

▲住吉終点にて開通を祝う　昭和 25 年、長崎市北部の発展を図るため、大橋電停までだった電車の軌道を住吉まで延伸した。それまで人家も疎《まば》らだった地域だったが、開通以降は駅前を中心に商店街も形成され、発展の一途をたどった。同 35 年には赤迫まで延伸している。〈長崎市住吉町・昭和 25 年・提供＝長崎電気軌道〉

▲復旧した路面電車　昭和22年、路面電車が復旧した。写真は浦上駅前から浜口町を結ぶ軌道。以前は浦上駅前から大学病院前を経由して浜口町まで行ったが、土地区画整理事業のため写真のように一直線の軌道となった。奥まで続く同じ造りをした建物は同年に建設された応急簡易住宅である。〈長崎市岩川町・昭和22年・提供＝長崎電気軌道〉

▲小ケ倉の旧景　現在の小ケ倉交差点付近から北方向を見ている。昭和37年に写真左上の海岸が埋め立てられ、石油備蓄基地となっている。左の木々は小ヶ倉神社、手前の湾も埋め立てられ現在は小ケ倉地域センターが建つ。〈長崎市小ケ倉町・昭和23年・提供＝大平吉之氏〉

▲牛が行く　宿町の現在国道34号にある朝日が峰の信号がある付近から南東方向を望む。手前の道路に荷車を引く牛が並んで進む。写真左上に見えるのは牧島。右上のこんもりした、小さい山のように見えるところには天満神社が鎮座する。現在正面一帯はマンションや住宅が建ち並ぶ。〈長崎市宿町・昭和24年・提供＝津場邦彦氏・撮影＝津場貞雄氏〉

▲矢上全景　西方向を撮影。写真下に流れるのは八郎川。川に沿うように矢上中学校の校庭が見える。
〈長崎市矢上町・昭和25年・提供＝田中勇三氏〉

▶時津港の船だまり　長崎市の北に位置する時津港は、長崎の北の玄関口として栄え、江戸時代半ばまでは長崎奉行の交代やオランダ商館長の江戸参府のルートとして使用された。また慶長元年に26人のカトリック信者たちが豊臣秀吉の命により京都から処刑場となった西坂（現長崎市西坂）へ護送された際、入港したのがこの港であった。〈西彼杵郡時津町浦郷・昭和26年頃・提供＝時津町役場〉

◀西時津郷から見た時津港　手前は埋立地で現在、長崎菱電テクニカ時津工場が建つ。写真左が浦郷、正面の対岸が左底郷である。〈西彼杵郡時津町西時津郷・昭和26年頃・提供＝時津町役場〉

◀鯉のぼりが泳ぐ浦郷商店街　現在、親和銀行時津支店が建つ付近から北を見ている。鯉のぼりの下の建物は長崎バス時津営業所。現在この道は国道206号となっているが、当時は自動車の通行は少なく、自転車に乗った子どもが走っている。〈西彼杵郡時津町浦郷・昭和26年・提供＝時津町役場〉

▶斉藤郷から見た岡郷の浜崎海岸　斉藤郷から東を望む。写真下の木が繁るところは白津の崎で、金比羅神社の屋根が見える。正面奥の浜崎海岸は昭和51年から埋め立て工事が行われ、同61年に竣工し、景観は一変している。〈西彼杵郡長与町斉藤郷・昭和25年頃・提供＝森君代氏〉

◀長与村岡郷のペーロン大会　ペーロンとは舟競漕のこと。長崎開港後に唐船によって伝えられ、長崎各地に広まった。長与では岡郷のほか斉藤郷で行われていたが、現在は5月下旬に舟津ペーロン大会として行われている。〈西彼杵郡長与町岡郷・昭和23年・提供＝森君代氏〉

4 戦後の風景

昭和三十一年七月に発表された経済白書に「もはや戦後ではない」という言葉が載せられ、流行語にまでなった。確かに戦後の復興が一つの区切りを終え、更なる新しい段階に入ったという意味では、昭和三十年はターニングポイントであったともいえよう。

長崎市では昭和三十年一月、福田、深堀の両村と、翌二月には日見村を編入した。この結果、人口は二十九万六千三百二十三人となり、昭和十九年時の人口を上回った。市域拡大とともに、長崎の市街も少しずつ復興が進められ、近代化された町に変わっていった。特に原子野と化した浦上地区は、新しい都市計画が実施され、美しい機能的な町並みに生まれ変わった。

それを象徴するのが、昭和三十年に落成した長崎国際文化会館である。この会館は長崎国際文化都市建設事業の一つとして、爆心地から二百五十メートルの小高い丘の上に建設された。地下一階、地上六階のすっきりした建物で、五階には原爆資料展示室が開設された。この会館は同じ年に建立された平和祈念像とともに、原爆からの復興と平和を願うシンボルであった。

市中心部でも原爆で焼失した県庁舎が昭和二十八年新たに竣工、その前年には中央橋が新しく完成し、大波止から県庁前を経て中心部の浜町に通ずる一直線の幹線ができ上がった。さらに昭和二十九年桜橋の立体交差化が完成し、国道三十四号と路面電車の通行量は飛躍的に改善された。商店街においても昭和三十二年浜屋デパートが鉄筋コンクリート造り五階建てに改築され、エスカレーターも登場。同時に浜町アーケードも完成し、街の賑わいも増していった。

戦後主要産業のひとつとなったのが観光産業である。長崎市は戦前から異国情緒の町として既に人気が高かったが、戦後は観光事業をいち早く積極的に推し進めた。昭和三十二年に三菱造船所から寄贈されたグラバー邸は、邸内外を整備し有料公開されると、たちまちのうちに長崎観光のメッカとなった。さらに出島和蘭商館跡の第一期復元工事も完成。また大浦天主堂、崇福寺も公開され、それぞれ長崎観光の目玉となった。昭和三十二年、稲佐山登山道路が開通。さらに同三十四年にロープウェイが架けられると、稲佐山からの眺めは絶好の観光資源となった。それは原爆から復興し新しい都市としてよみがえった長崎の景色であった。

（野田和弘）

▲長崎国際文化会館からの眺め　南方向、浜口町方面を望む。中央右、上下に走る道路は国道206号。右上の煙突が林立する工場は三菱製鋼所。〈長崎市平野町・昭和30年代前半・提供＝高比羅道子氏〉

▲◀立山より長崎市街地を望む　上写真、右端の広場のようになっている場所が長崎駅前。中央下には中町教会が、左中央には長崎県庁舎が見える。左下の写真は約10年後のもので、多くの建物が高層化しているのがわかる。右下隅に写る4階建ての建物は新築開局したばかりの長崎中央郵便局。〈長崎市内・上：昭和36年・撮影＝矢野平八郎氏、左：昭和45年・提供＝道向市昭氏〉

▲飽の浦から撮影した長崎港　中央一帯が三菱造船長崎造船所。左端の尖塔は飽の浦教会のもの。〈長崎市飽の浦町・昭和30年頃・提供＝木庭一郎氏〉

▲長崎港　大浦町付近から西方向、飽の浦方面を望む。対岸は三菱造船長崎造船所で、ジャイアント・カンチレバークレーンが霞んで見える。〈長崎市大浦町・昭和35年・提供＝高見彰彦氏〉

◀長崎港と市街を望む　どんの山付近から北西方向を撮影。長崎港の中央には元船突堤が建設中である。中央左の建物は海星学園、右端の中央には県庁舎が写る。〈長崎市内・昭和41年頃・提供＝道向市昭氏〉

▲長崎市街地を一望する　銭座町付近から撮影。右上に長崎港、中央上の建物は県庁庁舎、中央下には中町教会が見える。〈長崎市内・昭和30年頃・提供＝高比羅道子氏〉

▲▶長崎公園から長崎市役所方面を望む
南西方向を望む。奥に長崎港が霞んで見える。中央左の大きな建物は勝山小学校で、その右が長崎市役所庁舎である。右写真には大正3年に建てられた旧庁舎が写っているが、昭和33年に焼失し、その後、上写真の近代的な庁舎へと建て替えられた。〈長崎市上西山町・上：昭和30年代後半・提供＝高比羅道子氏、右：昭和30年頃・提供＝木庭一郎氏〉

▲焼失前の旧長崎市役所庁舎　中央の空き地に現在の長崎市庁舎が建つ。写真下が桜町の立体交差で右下に少しだけ軌道が見える。望楼が建つ特徴的な建物は旧長崎市役所庁舎。〈長崎市桜町・昭和32年・提供＝川口和男氏〉

▲長崎市役所庁舎周辺の風景①　立山より南方向を望む。左下の建物が昭和34年に完成した長崎市役所庁舎。その右上の建物は長崎女子商業高校。〈長崎市内・昭和36年・撮影＝矢野平八郎氏〉

▲長崎市役所庁舎周辺の風景②　中央が市役所庁舎、その左が同41年に完成した別館庁舎である。右上、時計塔が建つ建物は長崎女子商業高校である。〈長崎市内・昭和41年頃・提供＝川口和男氏〉

▲◀長崎市街地の夜景　稲佐山から望む夜景が定番だが、上写真は矢太樓から西方向、長崎港を撮影。通りからまばゆいばかりの光が溢れる。稲佐山が見えるが、まだ電波塔が建っていない。左写真は西坂町付近から南方向を見たもの。日が傾くにつれ、ぽつぽつと明かりが灯りはじめる。〈長崎市内・上:昭和28年・提供＝津場邦彦氏・撮影＝津場貞雄氏、左：昭和30年代前半・提供＝川口和男氏〉

▶海星高校より長崎市街地を望む　北方向を撮影。写真中央に見える白い大きな建物は県庁舎。左上は長崎港である。〈長崎市東山手町・昭和31年・提供＝牧野禎之氏〉

▶旧長崎県庁舎から見下ろす　左上が県庁前交差点。中央橋方面からやってきたボンネットバスが県庁坂を上る。県庁のロータリーに停まっている車は外車ばかりである。〈長崎市江戸町・昭和28年頃・提供＝山田スミ子氏〉

◀県庁坂　旧県庁から南東方向、中央橋方面を望む。ブラスバンドが列をなし、坂を下る。沿道は多くの見物客で賑わっている。坂を下った先が中央橋で、岡政百貨店が見える。〈長崎市江戸町・昭和37年・撮影＝矢野平八郎氏〉

▶岡政百貨店屋上からの眺め　南方向を見ている。岡政は現在の複合商業施設・ハマクロス411の位置に建っていた百貨店。真下のバスが曲がる場所が現在の春雨交差点にあたる。写真右上遠くに見える建物は海星高校。〈長崎市浜町・昭和31年頃・提供＝山田スミ子氏〉

◀出島　江戸町側から出島を撮影。川は中島川で、写真中央左に出島橋の一部が見える。〈長崎市出島町・昭和30年代・撮影＝矢野平八郎氏〉

▶常盤岸壁にあった倉庫群　長崎湾の東側に位置し、岸壁には倉庫が並んでいた。常盤町のほとんどが埋立地であり、江戸時代末期には居留地があった。明治時代には商社や各国の領事館、銀行、ホテルなどが建ち並んだが、昭和に入るとほとんどの領事館が姿を消した。〈長崎市常盤町・昭和35年頃・撮影＝矢野平八郎氏〉

▼大浦天主堂付近の風景　中央の大きな建物は旧長崎大司教館、その上に見える屋根は旧グラバー住宅、その左の尖塔は大浦天主堂のものである。〈長崎市南山手町・昭和35年頃・撮影＝矢野平八郎氏〉

◀ホテル・矢太樓周辺の風景　愛宕から風頭町の矢太樓を見上げる。山肌に張り付くように家々が建つ。〈長崎市愛宕・昭和36年・提供＝津場邦彦氏・撮影＝津場貞雄氏〉

▶長崎病院から北西を望む①　国立療養所長崎病院からみた雪景色。眼下に広がる甍《いらか》は全て白一色となっている。正面奥に見える岩屋山も同様に白く雪が積もっている。〈長崎市桜木町・昭和30年頃・提供＝米田次雄氏〉

◀長崎病院から北西を望む②　上写真とほぼ同じ位置から撮影。現在この辺りは住宅が建ち並んでいるが、写真には畑や田んぼ、ハザ掛けも見え、まさに農村のような趣である。〈長崎市桜木町・昭和30年頃・提供＝米田次雄氏〉

◀本河内から眺めた中川・桜馬場一帯　北西方向を撮影。中央に小さく路面電車が2両写っている。中央左の建物は勤労青少年ホームの洗心寮。〈長崎市本河内・昭和30年頃・提供＝小川道子氏〉

▶若宮稲荷神社から見た風景　北方向を撮影。中央下の建物は桜馬場町の長崎教育会館で、長崎ABCC（原爆傷害調査委員会）があった。正面に見える山は金比羅山である。〈長崎市伊良林・昭和30年頃・提供＝米田次雄氏〉

◀上長崎小学校周辺一帯　写真中央、逆Lの字の校舎が上長崎小学校。その下の校舎は旧片淵中学校校舎で、現在はここに済生会長崎病院が建つ。左端下、八の字形の建物は伊良林小学校の校舎。その右、校庭に木が生えている所は桜馬場中学校である。〈長崎市内・昭和45年頃・提供＝小川内クニ子氏〉

▶いわご山にて　「いわご山」は通称で、現在の坂本2丁目辺りの小高い崖上の空き地のこと。子どもたちの格好の遊び場でもあった。後ろに見える大きな建物は長崎大学医学部附属病院。右の煙突は被爆した同病院のボイラー室のもの。〈長崎市坂本・昭和32年・提供＝花田幸規氏〉

◀高尾小学校に至る坂　三原と小峰町の境界にあたる坂道から、南を見ている。右上に高尾小学校校舎の一部が見える。道路はまだ舗装されていない。〈長崎市三原、小峰町・昭和31年・提供＝宮川明彦氏〉

▶立山に建つ新築の家　現在は住宅が密集する地域であるが、この頃はまだまばらである。〈長崎市立山・昭和7年・提供＝瀬戸口光子氏〉

▲立山より稲佐山を望む　立山から西を望んだ風景。正面にそびえる山が稲佐山。写真中央右端に小さく二連アーチの稲佐橋が見える。〈長崎市内・昭和36年・撮影＝矢野平八郎氏〉

▲浦上川と稲佐橋　初代は明治39年に架けられた木造の橋であったが、老朽化のため、写真のアーチ型の鉄橋が昭和元年に架けられた。稲佐橋は浦上川両岸を結ぶ交通の要衝で、戦後はモータリゼーションの進展も重なり交通量が増えたため昭和38年にコンクリート造の橋に架け替えられた。〈長崎市光町、幸町・昭和35年頃・撮影＝矢野平八郎氏〉

▶ゆっくりと流れる浦上川　稲佐橋付近から上流を眺める。左岸に並ぶのは三菱重工業長崎造船所幸町工場。〈長崎市稲佐町・昭和42年・提供＝中川貢氏〉

◀**稲佐山より三菱造船長崎造船所幸町工場付近を望む**　中央、左右に流れるのは浦上川。対岸に長崎造船所幸町工場ののこぎり屋根が見える。中央やや下に稲佐小学校の校舎と校庭も見える。〈長崎市内・昭和33年・提供＝山田スミ子氏〉

▶**立山より長崎造船所幸町工場付近を望む**　上写真の反対側、立山より撮影したもの。長崎造船所幸町工場群が見え、その手前はこの年完成したばかりの西部ガスタンクも見える。〈長崎市内・昭和36年・撮影＝矢野平八郎氏〉

◀**稲佐公園から見た市街**　現在の稲佐公園付近から東方向を撮影。写真右上の白くもやのかかる所が長崎港。手前は稲佐国際墓地。〈長崎市曙町・昭和20年～30年代・提供＝津場邦彦氏・撮影＝津場貞雄氏〉

▲稲佐山登山道路入口の交差点　現在の稲佐公園通りを北に見ている。撮影位置の交差点の左が稲佐山へ通じる道である。〈長崎市曙町、弁天町・昭和28年頃・提供＝山田スミ子氏〉

▲花園町一帯を俯瞰する　中央に見える大きく曲がった道は、完成間近の新道路。昭和46年、長崎バス西城山線がこの道での運行を開始する。左上に見えるのは金堀町の西城山小学校である。〈長崎市花園町・昭和45年・提供＝道向市昭氏〉

▲長崎国際文化会館前からの眺め　ロータリーから南方向を撮影。現在は背の高い建物が建ち並び、このようには見通せない。〈長崎市平野町・昭和 35 年頃・提供＝杉原和子氏〉

▲長崎国際文化会館から北を望む　右に浦上天主堂、その上に高尾小学校が見える。中央左端には長崎南山中学校・高等学校の校舎が写る。〈長崎市平野町・昭和 42 年・撮影＝風間克美氏〉

▲平野町から西を望む　現在の長崎原爆資料館付近から西を見ている。右端に写る白い建物は城山小学校。その左、城山方面の山裾は昭和末期頃から拓かれ、現在は城山団地が広がる。〈長崎市平野町・昭和29年頃・提供＝平瀬歌子氏〉

▶雪化粧をした十字架山
辻町の中央部に位置する小山である。かつては平ノ山と呼ばれたが、明治14年、ゴルゴダの丘に似たこの地に浦上のカトリック信徒が大きな十字架を立てたことから十字架山と呼ばれるようになった。〈長崎市辻町・昭和34年・提供＝宮川明彦氏〉

▲稲佐山中腹より浦上方面を望む①　右に見える工場が三菱長崎製鋼所で、その手前は淵中学校。中央に見える橋は浦上川に架かる梁川橋である。〈長崎市内・昭和 36 年・撮影＝矢野平八郎氏〉

▲稲佐山中腹より浦上方面を望む②　上写真の少し左側（北）に振って撮影。左に長崎西高校が見える。中央左上の白い建物群は長崎大学病院で、その上に坂本小学校の校舎が見える。写真の上下に走る黒い線はロープウェイの架線である。〈長崎市内・昭和 36 年・撮影＝矢野平八郎氏〉

▲▶旧駒場町の風景　手前は原子爆弾落下中心地。中央に見えるのが昭和24年に開設された長崎市営競輪場である。その左の建物は同36年に建設された長崎国際体育館。駒場町の名は39年、松山町に編入されなくなった。〈長崎市松山町・上：昭和36年頃・撮影＝矢野平八郎氏、右：昭和42年・撮影＝風間克美氏〉

▲黒崎西出津《しつ》郷一帯を背に　外海村立黒崎中学校の１年生が記念撮影。背後に黒崎西出津郷の風景が広がる。左上に出津教会の建物が見える。〈長崎市東出津町・昭和 34 年・提供＝川田広保氏〉

▲池島　四方山から東方向を見て撮影。池島は炭鉱による石炭の発掘で栄え、平成に入っても操業を続けていた。写真中央に見えるのは従業員用の炭鉱住宅。平成13年の閉山を機に現在は多くが廃墟となっている。〈長崎市池島町・昭和36年・提供＝本濵武氏〉

▶池島にて　池島港を背景に記念撮影。中央左上、松が見える場所には現在池島港船客待合所がある。〈長崎市池島町・昭和37年・提供＝松崎光恵氏〉

▲矢上《やがみ》普賢岳より戸石町一帯を望む　中央左に戸石小学校が見え、その上部に戸石町の家々が広がる。右上に見えるのが牧島。〈長崎市戸石町・昭和 38 年・撮影＝矢野平八郎氏〉

▲東長崎・矢上中心地を望む　普賢岳から南西方向を撮影。かつては長崎街道の宿場町として栄えた矢上の風景が広がる。写真左右に流れるのは八郎川。手前の橋が矢上橋、下流方面（左）に小さく見える橋が大星橋である。その上に矢上中学校の校庭が見える。〈長崎市矢上町・昭和 30 年代・撮影＝藤本熊夫氏〉

◀現川《うつつがわ》の三差路　ボンネットバスが停まる三差路は現在、現川バス停がある。三差路右の建物は消防小屋で、火の見櫓が見える。その右の橋は現川橋。〈長崎市現川町・昭和30年代・撮影＝藤本熊夫氏〉

▶現川・山の神地区から東を望む　現川町北部の谷間の農村風景である。平坦地が少ないため田んぼや畑は段々になっている。〈長崎市現川町・昭和40年代・撮影＝藤本熊夫氏〉

◀唐八景《とうはっけい》公園から茂木港を望む　南東方向を見ている。左上に見えるのが茂木港である。唐八景公園は、長崎市の東南部に位置する古くからの景勝地で、ハタ揚げの名所としても知られる。〈長崎市田上・昭和35年・提供＝道向市昭氏〉

▲◀香焼島全景と川南工業香焼島造船所　以前は蔭ノ尾島と香焼島の2島からなっていたが、昭和17年、埋め立てにより両島が陸続きとなり、写真のような姿になった。蔭ノ尾島のほとんどを占める工場は昭和11年に進出した川南造船所のもので同30年に倒産した後、跡地に三菱重工業長崎造船所香焼工場が建てられている。右写真は川南工業香焼島造船所のドックである。〈長崎市香焼町・上：昭和30年代・提供＝長崎市香焼図書館、左：昭和40年頃・提供＝一ノ瀬正明氏〉

▼香焼中学校周辺を望む　魚見岳から北東を見ており、中央左が香焼中学校である。中央上部に川南造船所の工場群が見える。現在、中央右側は埋め立てによって陸続きとなり、半島化している。〈長崎市香焼町・昭和30年代・提供＝長崎市香焼図書館〉

▲安保《あぼ》地区にあった香焼炭鉱　当地では明治期から本格的な原材炭の生産が行われており、一時は隆盛を極め、写真一帯には近代的な鉄筋コンクリート造のアパートが建ち並んでいたが、しかし昭和39年に閉山。現在は住宅が建ち、昔日の面影をたどる縁《よすが》もないほど、景観は変貌している。〈長崎市香焼町・昭和34年頃・提供＝長崎市香焼図書館〉

▲蔭ノ尾教会前の風景　蔭ノ尾教会前から北方向を撮影。蔭ノ尾島の北端にはかつて鎖国していた時代、侵入する船を警戒するための長刀台場が設けられていた。〈長崎市香焼町・昭和36年頃・提供＝一ノ瀬正明氏〉

▲八郎岳山頂からの眺望　北西方向を撮影。中央右、海に浮かぶ小さな島は野牛島。左上が香焼島、その右が蔭ノ尾島である。この頃はまだ深堀町と陸続きになっていない。〈長崎市八郎岳町・昭和38年頃・提供＝稲尾吉広氏〉

▲神崎の山から眺めた時津中学校　時津中学校は昭和22年、時津国民学校高等科と時津実業高等青年学校を前身として開校した。当時の校舎は木造平屋建て。写真では校舎の目の前まで海が迫っているが、昭和30年代後半から埋め立てが始まり、景色は一変している。〈西彼杵郡時津町浜田郷・昭和29年頃・提供＝宇木赫氏〉

▲元村郷から見た時津町中心部付近　北方向、時津港方面を望む。真ん中の道路は国道 206 号。国道沿いには田んぼが広がるが、現在は大型店舗やファミリーレストランなどが建ち並ぶ。〈西彼杵郡時津町元村郷・昭和 31 年・提供＝時津町役場〉

▲時津港付近の風景　中央左下に見える道路は国道 206 号で、時津橋が架かる。
〈西彼杵郡時津町浦郷・昭和 35 年頃・提供＝時津町役場〉

▲雪化粧をした時津町　時津小学校の裏山から北東を見る。左に写る港は、昭和39年から始まる埋め立て工事によって大きく形を変えていくこととなる。〈西彼杵郡時津町浦郷・昭和36年頃・提供＝宇木赫氏〉

▲ひぐち時津カントリークラブからの眺め　南方向を見ており、中央上部に県営横尾団地が見える。正面の奥に見えるのが岩屋山である。このゴルフ場は昭和58年に左底郷の山の斜面を利用して開かれたが、平成26年に閉業し、跡地には太陽光発電のパネルが敷きつめられている。〈西彼杵郡時津町左底郷・昭和59年・提供＝ひぐちグループ〉

▲長与村嬉里郷長与川沿いの風景　中央右の白い建物が長与小学校の校舎。写真では見えないがその裏に昭和 33 年に新築された長与村役場庁舎が建つ。同 63 年に現在の庁舎に新築移転し、旧役場庁舎は図書館として利用されている。〈西彼杵郡長与町嬉里郷・昭和 40 年・提供＝長与町役場〉

▲長与川から北を望む　北方向、唾飲《つのみ》城趾を見ている。右の川沿いの道は未舗装である。〈西彼杵郡長与町嬉里郷・昭和 38 年・提供＝長与町役場〉

▲長与村高田越地区の風景　北西方向を見ている。左端に写る「雪印アイスクリーム」と書かれた店の前を現在県道111号が通る。右上に見える建物は昭和40年、長崎市滑石《なめし》に建てられた長崎県保健福祉総合庁舎（現西彼保健所）。中央やや左に被曝クスノキが見える。〈西彼杵郡長与町高田郷・昭和40年・提供＝長与町役場〉

▶長与村三根郷の風景　三根バス停付近から北西方向を見ている。現在も変わらず田園風景が広がる地域である。右手の山に戸隠神社が鎮座する。〈西彼杵郡長与町三根郷・昭和39年頃・提供＝山口敏昭氏〉

◀旧舟津駐在所前の風景　岡郷の長与川沿いから北を見ている。木造の橋は浦橋。センダンの木が子どもたちを覆うように道路まで伸びている。〈西彼杵郡長与町岡郷・昭和36年・提供＝長与町役場〉

▶舟津浦郷の船溜まり
長与川を南に望む。今も昔も船溜まりとなっている場所である。〈西彼杵郡長与町斉藤郷・昭和36年・提供＝長与町役場〉

フォトコラム

懐かしき海水浴場

長崎は周囲を綺麗な海に恵まれ、海水浴は大人も子どもも楽しんだ。なかでも東長崎の東望の浜海水浴場は、交通の便がよく、遠浅で小さな子どもたちも砂遊びや泳ぎの稽古ができたので家族連れが多く、若者にも人気があり賑わっていた。海岸には海の家が軒を連ね、かき氷や軽食なども売っており、朝から夜遅くまで開いていた。会社帰りに仲間と出かけ、泳ぐことよりスイカ割りに興じ、ボートや伝馬船などを借りて楽しんでいた。しかし、その東望の浜も昭和四十二年に水質汚染が進み廃止になった。

今は無くなった海水浴場に茂木、久留里、福田、鼠島海水浴場がある。茂木は桟敷がなく海岸から道ひとつ隔てて小料理屋が数軒連なっており、宿泊もできたので会社など団体での利用も多かった。筆者も若い頃、小料理屋を貸し切り、別荘気分で泳ぎや船釣りを楽しみ、夜は生け簀料理で宴会をした楽しい思い出がある。ここは昭和三十年代には廃止になり、以降、宮摺海水浴場まで足を延ばさなければならないことになる。

時津の久留里海水浴場は、桟敷が完備され、大村湾内なのでほとんど波もなく遠浅で、貝などが採れたので子どもづれには手ごろな場所であったが、周辺の開発が進み廃止となった。

福田海水浴場は長崎遊園地内にあったので、砂浜は少なかったが若い人たちに人気があった。

鼠島海水浴場は、明治時代に開設された長崎遊泳協会が水泳の指導にあたる有料の海水浴道場であった。昭和十九年に一時閉鎖されたが、戦後に再開され、大人も子どもも参加した。

夏休みになると木の鑑札を持った子どもたちの姿が電車やバスの中で見られた。熊本の小堀流古泳法を取り入れ、夏の暮れには立ち泳ぎによる大名行列が披露された。昭和四十七年長崎外港計画により廃止になった。（写真・第九章参照）

現在、人気の高浜海水浴場は、水が綺麗で沖には浮かぶように軍艦島が見え、風景も楽しめる。まだ無名の昭和三十年頃、仲間とキャンプを張り、夜の海に夜光虫がきらきら光っていた海で泳いだ記憶がある。今は桟敷も完備され多くの人達たちが楽しんでいる。

（井手勝摩）

▲東望の浜にて　八郎川河口の右岸に広がっていた東望の浜は大正期から市民の海水浴場として親しまれた。海の家が並び、夏ともなると多くの海水浴客で賑わった。昭和42年に閉鎖され、現在は埋め立てられて中央卸売市場などが建つ。後ろに写る和食・川徳は、今も営業している。〈長崎市田中町・昭和30年頃・提供＝野口政晴氏〉

▲楽しみだったスイカ割り　海水浴では、スイカ割りも楽しみのひとつ。棒を持った男性がスイカとは逆の方向へ進み、笑いを誘う。東望の浜でのひとコマ。〈長崎市田中町・昭和36年頃・提供＝稲尾吉広氏〉

▲宮摺《みやずり》海水浴場での思い出　銭座小学校の同級生たちが、宮摺町にある宮摺海水浴場へ遊びに来た時の一枚。今も昔も長崎市民に親しまれる海水浴場である。〈長崎市宮摺町・昭和31年・提供＝杉原和子氏〉

▲宮摺海水浴場で行われた水着モデル撮影会　砂浜に並んだ綺麗どころたち。海水浴場は海水浴だけでなく、こうしたイベントにも利用された。〈長崎市宮摺町・昭和 27 年・提供＝中尾康弘氏〉

▲長崎遊園地の海水浴場　大浜町にあった長崎遊園地の海岸は海水浴場となっていた。夏には多くの海水浴客で賑わい、海のカーニバルなども開催された。〈長崎市大浜町・昭和 36 年・提供＝本村保昭氏〉

▲川原海水浴場にて　雲仙や天草が見える海水浴場として知られる川原海水浴場は、昭和 25 年に開設された。写真はその前年に撮影されたものだが、開設される前から海水浴場として親しまれてきたのであろう。写真は夏休み臨海学校で訪れた佐古小学校の児童たち。同 48 年には一角にキャンプ場が設置されている。〈長崎市宮崎町・昭和 24 年・提供＝瀬戸口光子氏〉

▲伊王島で海水浴　現在、伊王島の海水浴場といえば平成 12 年に開設された伊王島海水浴場（コスタ・デル・ソル）が有名だが、写真は現在の馬込浜バス停前付近。当時は白くてきめ細かい砂浜だったという。〈長崎市伊王島町・昭和 28 年・提供＝道向市昭氏〉

◀**高浜海水浴場**　昭和35年に開設された、旧野母崎町にある海水浴場のひとつ。「望洋荘」と看板が掲げられた休憩所は立派な二階建ての造りである。〈長崎市高浜町・昭和45年・提供＝中川貢氏〉

▼**香焼の海岸で水遊び**　水深の浅い場所で遊ぶ曙町町内会の子どもたち。〈長崎市香焼町・昭和31年頃・提供＝山田スミ子氏〉

▲▼久留里海水浴場　かつて時津町内にあった海水浴場のひとつ。遠浅で美しい砂浜が続く海水浴場だったが、現在は埋め立てられて泳ぐことはできない。下の写真は水泳訓練のようす。〈西彼杵郡時津町久留里郷・上：昭和27年頃・下：昭和35年頃・提供＝時津町役場〉

5 わがまちの出来事

終戦の年以降、長崎では八月は慰霊と祈念の月となった。長崎市民は毎年八月九日に原爆犠牲者に祈りを捧げ、世界の平和を誓った。昭和二十三年までは遺族有志の団体や各工場、学校ごとに慰霊祭が行われてきたが、同二十四年八月九日平和公園で第一回目の長崎市主催の平和祈念式典が行われ、当時の大橋市長が初めて平和宣言を行った。昭和三十年八月八日北村西望の作による巨大な平和祈念像が平和公園内に建立され、除幕式が行われた。制作費三千万円は、国内のみならず全世界からの浄財でまかなわれた。そして翌九日この祈念像の前に一万人が参列し、第四回目の原爆犠牲者慰霊祭並びに平和記念式典が挙行された。

昭和二十四年五月二十七日、終戦後の日本国内を巡幸されていた天皇が長崎市に入られ、浦上三菱球場の特設会場で数万の市民に励ましのお言葉をかけられた。また病床にあった永井隆博士を見舞われた。そしてその二日後、長崎市において聖フランシスコ・ザビエル渡来四百年祭が挙行された。ローマ法王特使ギルロイ枢機卿をはじめ世界各国からの七十名の国際巡礼団が来訪、県内外からの三万を超える信徒が参列し、荘厳でありながらかつ華やかなミサが繰り広げられた。長崎では戦後最初の国際的大イベントであった。

長崎市と隣接する長与町と時津町は、明治二十二年の町村制でそれぞれ西彼杵郡長与村、時津村となり、そのまま昭和を迎えた。両町と長崎市は早くから人、物の往来が盛んであり、いわば相互補完的な関係を持ち、共に繁栄してきた。特に戦後は長崎市のベッドタウンとして新たな発展を遂げている。そして時津町は昭和二十六年に、長与町は昭和四十四年に、それぞれ村制から町制に移行し現在に至っている。

昭和三十九年、東京オリンピックが開催され、日本国中は大いに沸き返った。そしてこのオリンピックを境に、日本は高度経済成長の階段を駆け昇って行くことになる。開会式に合わせ日本列島を縦断する聖火リレーが行われ、各地で多くの人びとが参加した。聖火は九月十四日に長崎市に到着して県庁で一泊、盛大な歓迎式典が催された。国内各地を駆け巡る聖火は、戦後から復興を続けてきた昭和に代わって、誰もまだ経験したことがない、新しい昭和の到来を告げるものでもあった。

（野田和弘）

▲長崎原爆犠牲者慰霊平和祈念式典　昭和 23 年、松山町で追悼大会が「文化祭」の名で始められ、この時に平和宣言が読み上げられた。同 27 年 8 月 8 日には三菱会館にて「平和祈念祭」が行われ、翌日に平和公園で「原爆追悼犠牲者慰霊式」が執り行われている。写真は昭和 30 年に完成した平和祈念像前で行われた式典のようす。〈長崎市松山町・昭和 31 年・提供＝津場邦彦氏・撮影＝津場貞雄氏〉

▶原爆投下後初の慰霊祭　終戦から約3カ月後、原爆の投下によって廃墟と化した浦上天主堂前の広場にカトリック信者数百人が集まり、原爆犠牲者合同慰霊祭を執り行った。〈長崎市本尾町・昭和20年・提供＝岡林隆敏氏〉

◀ヘレン・ケラーが来崎　昭和23年、2度目の来日を果たしたヘレン・ケラーが長崎市を訪れた。市民による大歓迎のなか、三菱会館で講演を行った。その後、如己堂《にょこどう》で療養中だった医学博士・永井隆を見舞い、激励した。写真はその時のようすで、左端がヘレン・ケラー、右の男性に抱えられているのが永井博士である。〈長崎市上野町・昭和23年・提供＝長崎市永井隆記念館〉

▶如己堂の永井隆親子　自ら被爆しながら多くの被爆者の救護活動を行った医学博士の永井隆。「長崎の鐘」などの著作は有名で、戦後映画や歌にもなった。写真は終の住処となった如己堂で娘の茅乃に本を読み聞かせる永井博士。右端は長男の誠一。〈長崎市上野町・昭和23年頃・提供＝長崎市永井隆記念館〉

▶昭和天皇の長崎巡幸　九州へ巡幸された昭和天皇が5月27日に長崎市内へ入られた。西坂公園や長崎医大などを視察された後、奉迎場となった浦上三菱球場にご臨席になり、市民を激励された。〈長崎市内・昭和24年・提供＝石川敬一氏〉

▲浜市五十周年祝賀記念の行事　明治35年に浜市商店連合会が結成されてから50周年を記念して、精洋亭ホテルで祝賀式が開かれた。〈長崎市銅座町・昭和26年・提供＝林田哲男氏〉

▲時津町町制施行記念の相撲大会　昭和 26 年 12 月 1 日の町制施行を記念して相撲大会が開かれた。時津町では古くから相撲が盛んで、空き地や田んぼなどで練習をしていたという。大正から昭和にかけては北泊地区にあった清風館跡に土俵を設け、相撲大会も行っていた。〈西彼杵郡時津町浦郷・昭和 27 年・提供＝時津町役場〉

▲サーカス団がやってきた　有田洋行会というサーカス団が長崎市にやってきた。動物や団員による妙技に観客たちは目を見張った。〈長崎市内・昭和 29 年・提供＝津場邦彦氏・撮影＝津場貞雄氏〉

▶平和祈念像の建設　戦争犠牲者の冥福を祈るため、北村西望によって平和公園内に青銅製の祈念像が制作された。像の制作費用は国内外からの募金によってまかなわれ、台座を長崎市が負担し、昭和30年に完成した。〈長崎市松山町・昭和30年・提供＝津場邦彦氏・撮影＝津場貞雄氏〉

▲九州一周駅伝のスタート　昭和27年、西日本各県対抗九州一周駅伝競走大会として始まった。長崎県庁前から福岡市の西日本新聞本社前までの約1,000キロを走破する大会で、福岡県、山口県、宮崎県、長崎県、熊本県、佐賀県、大分県、鹿児島県の8チームが参加し健脚を競った。写真は平和祈念像が出発点に変更された頃の一枚。選手たちがスタートした瞬間をとらえている。〈長崎市松山町・昭和30年頃・提供＝津場邦彦氏・撮影＝津場貞雄氏〉

▲長崎原水協によるデモ　アメリカ、イギリス、ソ連の原水爆実験に対して抗議するため、長崎原水爆禁止日本協議会が本大工町（現魚の町）の市民グラウンドで市民総決起大会を開催した。学生や労組員など約 1,000 人が集まり、大会後は市内をデモ行進した。〈長崎市内・昭和 32 年・提供＝津場邦彦氏・撮影＝津場貞雄氏〉

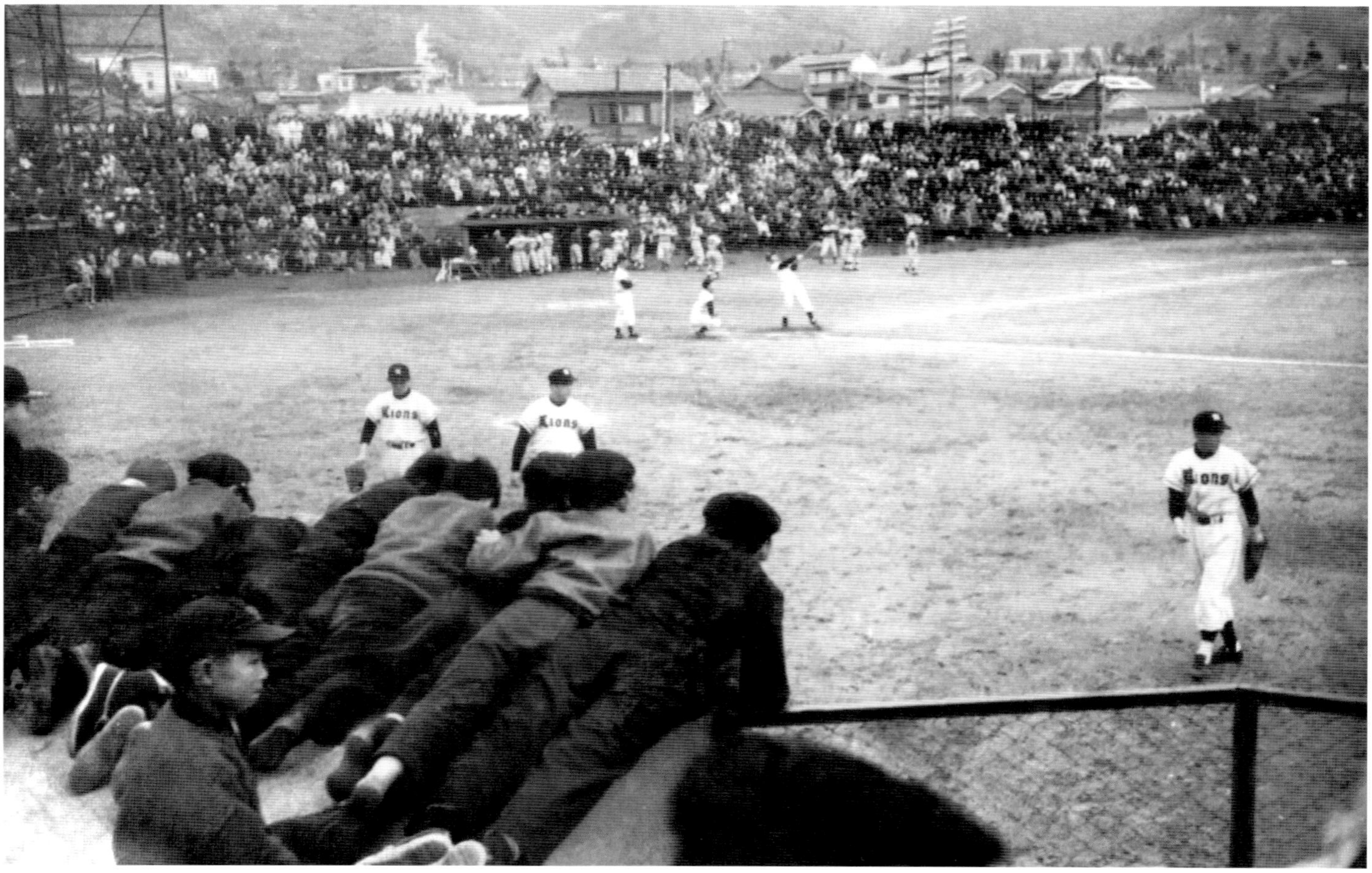

▲プロ野球のオープン戦を開催　大橋球場で行われたプロ野球西鉄対中日戦に多くの観客が集まった。スタンドにはあふれんばかりの観客が見える。手前の子どもたちはベンチの上からのぞき込んで選手を見ているのであろう。〈長崎市松山町・昭和 33 年・提供＝野口政晴氏〉

▲出島岸壁に接岸した潜水艦　大正13年、出島岸壁が完成。これによって8,000トン級の船舶が2、3隻接岸できるようになった。写真は接岸中のイギリスの潜水艦。〈長崎市出島町・昭和35年・提供＝林田哲男氏〉

▶海星高校が高校野球九州大会初制覇
大橋球場で行われた九州地区高等学校野球大会の秋季大会において、海星高校が初制覇を果たした。同大会は昭和22年から開催されており、九州地区の高校が出場する。写真は川口昭一監督の胴上げのようす。〈長崎市松山町・昭和35年・提供＝川口大輔氏〉

▲村から町へ　香焼村が昭和36年11月3日に町制を施行し香焼町となった。それに伴って役場の看板も取りかえられた。長崎市に編入されるのは平成17年である。〈長崎市香焼町・昭和36年・提供＝長崎市香焼図書館〉

▶昭和天皇皇后両陛下の行幸啓　昭和36年4月、西九州に行幸啓された昭和天皇皇后両陛下が長崎市をご訪問になった。長崎国際文化会館と県庁をご視察ののち、矢太樓で一泊された。翌日は原爆病院、長崎水族館などを訪問され、病院では患者にお言葉をかけて激励された。〈長崎市浜口町・昭和36年・提供＝矢野平八郎氏〉

▶映画「若い人」のロケ風景①　昭和37年、石坂洋次郎の長編小説が映画化されることとなり、そのロケが長崎市内各地で行われた。写真は大波止ロケの風景で、間崎慎太郎を演じた石原裕次郎が写る。〈長崎市元船町・昭和37年・提供＝中川貢氏〉

◀映画「若い人」のロケ風景②　こちらも大波止ロケ中に写されたもの。江波恵子役を演じた吉永小百合である。当時はまだ若手の女優だった。〈長崎市元船町・昭和37年・提供＝中川貢氏〉

▶親鸞聖人七百回大遠忌法要　10月11日から14日にかけて了願寺で親鸞聖人七百回御遠忌法要が営まれた。写真は鐘楼の前に並んだ住職ら関係者と稚児たち。〈長崎市小ケ倉町・昭和37年・提供＝中尾康弘氏〉

▶東京オリンピックの子ども聖火ランナー　昭和39年開催の東京オリンピックでは、聖火リレーが4つのコースに分けられ全国を回った。第1コースのルートに入っていた長崎県へは熊本県から聖火が届けられ、島原城を経由した後、長崎市へ入った。写真は小さな聖火ランナーたち。〈長崎市古川町・昭和39年・提供＝金子剛氏〉

◀時津町に設置された第1号信号機　昭和30年代後半からモータリゼーションの進展により、一時「交通戦争」と揶揄されるほど交通事故が急増した。自動車の交通量が増えてきたため、時津町でもこの年、初めてとなる信号機が設置された。写真はこれを祝ってパレードが行われた際の一枚。〈西彼杵郡時津町浦郷・昭和40年・提供＝時津町役場〉

▶第36回長崎地区統一メーデー　国鉄中の島グラウンド（現西九州トヨタ幸町店付近）で行われたメーデーのようす。1万5,000人が参加した。〈長崎市幸町・昭和40年・提供＝長崎地区労〉

▶**諏訪神社で土俵入り**　この年に横綱に昇進した佐田の山による雲竜型奉納土俵入りのようす。佐田の山は南松浦郡有川町（現新上五島町）の出身で、長崎県初の横綱の姿を見ようと多くの市民が詰めかけた。〈長崎市上西山町・昭和40年・提供＝浦越真寿子氏〉

◀**第１回時津町体育祭**　現在も行われている時津町町民体育祭はこの年から始められた。写真は開会式のようすであろう。優勝は左底チームで、２位が三菱、３位が西時津だった。〈西彼杵郡時津町内・昭和41年・提供＝時津町役場〉

▶**婦人参政権行使20周年パレード**　昭和22年に施行された新憲法により、婦人参政権が保障された。写真はそれから20周年を迎えたことを記念し、浦郷の町中を行く婦人会の面々。〈西彼杵郡時津町浦郷・昭和41年・提供＝時津町役場〉

▲深浦地区で起きた火災　深浦地区で火災が発生した際の写真。左には建物の焼け跡が見え、ところどころ煙が立っている。〈長崎市香焼町・昭和41年・提供＝長崎市香焼図書館〉

◀長崎国体炬火ランナー　昭和44年、第24回国民体育大会夏季、秋季大会が長崎県で行われた。愛称は「創造国体」。写真は、現在の長与町立図書館付近で待機している炬火ランナー。沿道には多くの人が応援に駆けつけた。〈西彼杵郡長与町嬉里郷・昭和44年・提供＝山口敏昭氏〉

▶長崎国体で女子ソフトボール会場となった長与町　この年、第24回国民体育大会秋季大会が長崎県を舞台に開催された。長与町では長与中学校グラウンドが一般女子ソフトボールの会場となり、500人を収容できるスタンドやフェンス、バックネットなどが整備された。〈西彼杵郡長与町丸田郷・昭和44年・提供＝長与町役場〉

▶町制施行を祝う　この年の1月1日、長与村が町制を施行し長与町となった。写真では「長与町役場」の看板がかけられ、職員たちが新たな門出を祝っている。〈西彼杵郡長与町嬉里郷・昭和44年・提供＝長与町役場〉

◀高島教会でマリア像の台座建設　高島教会は明治24年に建立され、炭鉱の発展とともに信徒数も増加し、昭和29年には聖堂が新築された。写真はマリア像を安置する為の台座を建設したときのようすで、作業員が大事そうにマリア像を抱えている。〈長崎市高島町・昭和53年・提供＝岩崎幸子氏〉

▶第47回メーデー　キャバレー「十二番館」の解雇反対を訴えるため日音労ミラノ分会によるデモが行われた。43日間連続でストライキを決行した。〈長崎市興善町・昭和51年・提供＝長崎地区労〉

▲時津町に寿屋開店　時津町初となる大型商業店舗の開店とあって多くの買物客で賑わった。現在は同地にイオン時津ショッピングセンターが建っている。〈西彼杵郡時津町浜田郷・昭和54年・提供＝時津町役場〉

◀ローマ教皇ヨハネ・パウロ二世が長崎訪問　2月25日に来崎。その日の午後6時、浦上天主堂で叙階ミサ、翌日には松山陸上競技場にて教皇歓迎集会が行われ、大雪に見舞われるなか、約5万人もの信徒が訪れた。〈長崎市内・昭和56年・撮影＝矢野平八郎氏〉

▲長崎大水害で崩れた眼鏡橋　昭和57年7月、梅雨前線が停滞し、長崎を中心に各地で集中豪雨が発生。未曾有の水害をもたらした。これにより中島川が氾濫し、周辺が浸水、また中島川に架かる石橋も深刻な被害を受けた。写真は半壊した眼鏡橋で、まわりにはようすを見に来た人びとが呆然と立ち尽くす。〈長崎市栄町・昭和57年・提供＝花田幸規氏〉

◀長崎大水害の爪痕①　東長崎の現川での被害のようす。長崎トンネル上から諫早方面を見ている。左から、雨水が線路内へ滝のように流れ込んでいるのがわかる。〈長崎市現川町・昭和57年・撮影＝藤本熊夫氏〉

▲長崎大水害の爪痕②　昭和57年7月23日、夕方から深夜にかけて集中豪雨が長与町を襲い、1時間に187ミリという凄まじい降水量を記録。河川は氾濫し、床上、床下浸水など大きな被害を受けた。写真は川岸が抉《えぐ》られた長与川。〈西彼杵郡長与町吉無田郷・昭和57年・提供＝長与町役場〉

▲高島町のヤマとマチを守る現地行動　高島炭鉱の閉山に伴い作業員の解雇が通告され、これに抗議するため高島労組による抗議行動が行われた。〈長崎市高島町・昭和61年・提供＝長崎地区労〉

6 交通の変遷

長崎市と西彼杵半島は、豊かな海を背景に発展した。長大な海岸線に多くの港があり、地域間、国内、遠くは海外との盛んな交流もすべて海運の便に拠るところが大きかった。

明治初年の交通は、江戸時代と変わらず人力・馬・荷牛・荷車による陸上交通、和船による海上交通によって支えられていた。海上交通は他県よりも抜きんでて発達し、明治四十年代には県内各地が沿岸航路で結ばれた。

一方、陸上交通に関しては、山がちの地形がその発展を阻んできた。日見新道が開削され、ようやく荷車が通行できるようになったのは明治十五年のことであった。県内各地を結ぶ県道についても、明治末期までに整備された主なものは長崎～茂木間と長崎～時津間のみ。道路網の整備が完成するのは昭和三十年代と、長期を要した。道路整備にともない、長崎バス、県営バス、電鉄バス（後に長崎バスに移譲）の路線が整備された。

代わりに発達したのが鉄道であった。当初は九州鉄道株式会社が運営し、明治四十年国鉄（現ＪＲ九州）に合併された。鉄路は同三十年に長崎・長与線、翌三十一年に長与・大村線が連結されるに至り、九州をつなぐ交通の大動脈が完成し、後に長崎本線が敷かれた。

長崎市に路面電車が開通したのは大正四年十一月。同十年までには、長崎駅前を起点として下ノ川橋、出雲町、思案橋、馬町を終点に循環線を含め五路線が開通した。路面の整備により、沿線の立ち退きが行われ、これまでの八メートル幅ほどの道路が、三倍程度拡幅され市街地の景観が一変した。当初、桶屋町と勝山町、小川町をつなぐ急勾配の路線があったが、戦後に桜町の斜面を掘削し付け替えた。終点も蛍茶屋、赤迫、石橋、崇福寺まで延伸して今日に至った。

また、海を隔てた稲佐・飽の浦方面へは線路の延伸がかなわないため、代わりに港内連絡船を大波止へとつなぎ、電車と連絡できるようにした。やがてこの港内交通船は他の一社とともに市営に移管され、昭和四十四年に使命を終え廃止された。

（赤瀬　浩）

▲長崎駅前にできつつある高架広場　昭和44年の長崎国体に向けて駅前を一新しようと、日本初となる駅前高架広場を建設中するようす。南北76メートル、東西24メートルの規模で同年6月に完成し、これにより路面電車やバス利用の利便性が上がった。〈長崎市大黒町・昭和43年頃・撮影＝矢野平八郎氏〉

▲稲佐立体交差　自動車の増加による慢性的な渋滞を解消するため、国道202号と長崎本線が交差する箇所がアンダーパス化された。車が走る道路の上を蒸気機関車が行く。〈長崎市幸町・昭和42年・提供＝中川貢氏〉

◀国道202号の渋滞　御船町電停（現八千代町電停）付近のようすで、長崎駅方面行きの道路は車でいっぱいである。軌道敷内への車の通行は禁止であるが、軌道上にまで渋滞の車列ができ、写真中央上付近で路面電車が車と一緒に並んでいる。〈長崎市大黒町～八千代町・昭和40年・撮影＝矢野平八郎氏〉

▲西浜町電停（現浜町アーケード電停） 大正９年、築町〜古町間の開通に伴い開業。乗り場が浜町側と銅座町側の２カ所に分かれており、写真は浜町側である。写真右側奥に浜町アーケード入口がある。写真の車両は大正元年に製造された160形166。製造当初は西日本鉄道福岡市内線で走っていたが、昭和34年に長崎電気軌道に譲渡され活躍した。〈長崎市浜町・昭和42年・撮影＝風間克美氏〉

▲萬橋前を行く路面電車 現在の佐賀銀行長崎支店前から北東を撮影。車両は昭和41年に製造された500形503で現在も活躍している。〈長崎市浜町・昭和42年・撮影＝風間克美氏〉

▲石橋電停　大正6年、出雲町電停として開業。昭和5年に大浦石橋電停と改称している。写真は松ヶ枝橋方面（北西）を撮影しており、左に見える屋根は妙行寺のものである。車両は昭和28年製造の300形309。〈長崎市大浦町・昭和42年・撮影＝風間克美氏〉

▶弁天橋電停付近を行く路面電車　松ヶ枝橋を背に南東を撮影。右手奥に「弁天橋」の文字が見える。昭和55年に大浦天主堂下電停となり、現在は大浦天主堂電停となっている。〈長崎市大浦町・昭和42年・撮影＝風間克美氏〉

▲長崎市児童科学館前を行く路面電車　現在の大浦海岸通りから北東を撮影。右手の建物が長崎市児童科学館。もともと明治 41 年に建てられた英国領事館の建物で、昭和 32 年に同施設が開設された。写真の車両は昭和 25 年製造の 201 形 205 である。〈長崎市常盤町、大浦町・昭和 42 年・撮影＝風間克美氏〉

▲諏訪神社前電停　大正 9 年、桜町～馬町間の開通に伴い馬町電停として開設した。昭和 9 年に蛍茶屋まで延伸されると馬町電停を廃止し、移設して諏訪神社下電停と改称。同 11 年に諏訪神社前電停となり､現在は諏訪神社電停となっている。電停には昭和 36 年に製造された 360 形の 363 と 366 が停まる。〈長崎市馬町・昭和 30 年代・提供＝長崎電気軌道〉

▲赤迫電停　昭和35年、住吉から赤迫までの延伸に伴い開設された。開設当時、道路も未舗装で住宅もまばらであったが、時代とともに住宅や商店などが増え、都市化が進んだ。手前の2両は同37年に製造された370形371と同26年製造の211形211。〈長崎市赤迫・昭和43年・提供＝長崎電気軌道〉

▲蛍茶屋電停　昭和9年、馬町～蛍茶屋間の開通に伴い開業した。これは失業対策のため行われた国道25号（現国道34号）の拡幅工事に合わせて、中央に電車を通す計画が立てられ延伸したものであった。終戦後の復興は早く、同20年11月25日には長崎駅前～西浜町～蛍茶屋間で運転を再開している。写真手前の車両は大正10年から11年にかけて製造された40形41。電車の屋根の集電装置が、今はもう使われなくなったトロリーポールである。〈長崎市中川・昭和25年・提供＝長崎電気軌道〉

▲**長崎駅**　明治38年、浦上から路線が延伸された際、設置された。開設当時、現在の浦上駅が「長崎駅」という名だったが、現在の長崎駅が開業した際に浦上駅に改称した。左の三角屋根が特徴的な駅舎は三代目で、昭和24年に完成したものである。〈長崎市大黒町・昭和42年・撮影＝風間克美氏〉

◀**特急かもめの前で**　長崎駅ホームにて、京都行きの特急「かもめ」の前で記念撮影。昭和36年、京都〜博多間を走っていた特急「かもめ」が長崎駅まで乗り入れられるようになった。この車両はキハ80系気動車。〈長崎市尾上町・昭和39年・提供＝小野治氏〉

▶長崎本線の鉄道トンネル工事　浦上～現川間にある長崎トンネル。浦上新線の敷設に伴い建設され、昭和47年に開通した。全長は6,173メートルで、長崎本線にあるトンネルの中では一番長い。写真は諫早側坑口で、長崎側坑口と60メートルの高低差がある。〈長崎市現川町・昭和40年頃・撮影＝藤本熊夫氏〉

◀浦上新線開通を祝って　従来の長崎本線の浦上～喜々津間は、大きく迂回し、時間を要するため、大正時代から短絡線化の計画があった。長らく計画は進まなかったが、昭和41年に新線工事が着手され、同47年に竣工となった。これにより、現川町に駅が新設され、地元は喜びに沸いた。写真は現川駅前で行われた祝賀行事にて披露された浮立。〈長崎市現川町・昭和47年・撮影＝藤本熊夫氏〉

▶道ノ尾駅　明治30年、九州鉄道長崎（現浦上）～長与間の開通に伴い開業。現在の駅舎は大正末期頃に建てられたものである。原爆の投下時、建物の被害は軽微で済んだため、駅前広場に臨時の救護所が置かれた。ここから多くの被爆者が、救護列車で諫早や大村に運ばれた。〈西彼杵郡長与町高田郷、長崎市葉山・昭和40年・提供＝長与町役場〉

▶本川内駅　昭和18年、本川内信号場として開設され、同27年に本川内駅に昇格している。駅が設置される前までは、長与駅まで徒歩で行かなければならず大変不便であり、当地区への駅開設は地元住民の切なる願いであった。駅名については「上長与駅」という案もあったが、「是非地元の名を」との願いが叶い、本川内駅となったという。〈西彼杵郡長与町本川内郷・昭和40年・提供＝長与町役場〉

◀長与駅　明治30年、九州鉄道の駅として開業。翌年に松ノ頭トンネルが開通すると大村まで延伸した。写真の駅舎は開業当時のもので、昭和62年に改装され、平成9年に現在の駅舎が完成するまで使われていた。〈西彼杵郡長与町吉無田郷・昭和40年・提供＝長与町役場〉

▶長崎自動車本社前のバス乗り場　長崎市の大波止にあった。乗り場前に停車しているバスは大型ディーゼル車でおそらくいすゞBX91であろう。〈長崎市元船町・昭和24年・提供＝長崎自動車〉

▲長崎バス時津営業所　昭和15年、長彼自動車が買収され、長崎バス時津営業所となった。車庫にはボンネット型と箱形の2種のバスが出番を待つ。〈西彼杵郡時津町浦郷・昭和36年頃・提供＝時津町役場〉

▲中央橋行きバスに乗って　中央橋方面へ向かうバスに乗り込む人びと。この日は年に一度の長崎くんちの日であり、ボンネット型バスの車内は満員である。〈長崎市川口町・昭和29年・提供＝平瀬歌子氏〉

▶ホンダ・ベンリィに跨がって　新大工町商店街でのひとコマ。男性が跨がるのは昭和33年に発売されたベンリィC 90か、もしくは同34年発売のC92のどちらかであろう。「神社仏閣」スタイルと呼ばれるボディが特徴で同クラス最高の性能を誇った。後ろには三菱・シルバーピジョンC83も写る。〈長崎市新大工町・昭和37年頃・提供＝佐野昇氏〉

◀ミゼットに乗って　「街のヘリコプター」というキャッチフレーズで人気を博したマツダ・ミゼットは3輪で小回りが効き、狭く入り乱れた道の多い長崎の町に適していた。〈長崎市新大工町・昭和36年頃・提供＝佐野昇氏〉

▶交通安全の碑　昭和30年代後半から自動車が急増し、それに比例して交通事故も増加した。同37年、川上町付近に住んでいた子どもが交通事故に遭い、幼い命を落とした。これを供養するため大浦地区交通安全協会によって交通安全の碑と観音菩薩が建立された。写真はその除幕式のようすである。〈長崎市川上町・昭和37年頃・撮影＝矢野平八郎氏〉

▲子どもを守る会のパレード　乗用車の普及とともに交通事故も多発。子どもが犠牲となる痛ましい事故も発生した。小学生らがリコーダーを吹きながら町をパレードし交通安全を訴えた。〈長崎市丸尾町・昭和 42 年・提供＝瀬戸口光子氏〉

▲横断歩道　現在の時津交差点の朝のようすである。この頃自動車の普及台数も増大し、あわせて交通死亡事故もピークを迎える。写真右端に写る女性は朝の通勤通学のようすを見守る、いわゆる「緑のおばさん」である。〈西彼杵郡時津町浦郷・昭和 46 年・提供＝時津町役場〉

▶稲佐橋の袂《たもと》で　大正15年に架け替えられたボウストリングトラス形式の橋梁で、子どもたちの隣には細かな意匠が施された親柱が写る。〈長崎市幸町・昭和30年頃・提供＝島田光子氏〉

▲出師《すいし》橋　明治37年、銅座川河口部に架けられた。出師とは「出兵」の意味であり、日露戦争中、兵士が出島地先から出兵したことが名の由来である。橋上を路面電車が走るようになったのは大正6年からである。〈長崎市出島町、新地町・昭和30年代・提供＝長崎電気軌道〉

◀旧新地橋　時津川を現在の時津図書館前から河口方面を見て撮影。今見られる橋は、平成15年に架け替えられたもの。〈西彼杵郡時津町浦郷・昭和36年頃・提供＝時津町役場〉

▼水道橋の渡り初め　神主を先頭に三代夫婦、関係者らが続く。三世代の夫婦には三世代続いた夫婦にあやかり「橋も永続してほしい」という願いが込められている。〈西彼杵郡時津町元村郷・昭和40年・提供＝時津町役場〉

▲長崎市営交通船　もともと民間経営だったが大正13年に市へ運行が移管された。戦後は三菱の長崎造船所へ通う人びとの足として活躍した。しかし昭和34年以降、バス路線の充実化により客足が遠のき、同44年に廃止されている。〈長崎市旭町・昭和30年代・提供＝石川敬一氏〉

▲第三鶴丸　長崎港内外の地区への交通手段として活躍した市営交通船の第三鶴丸。船内には多くの乗客が見える。左に見える白い建物は当時の長崎県庁舎。〈長崎市元船町・昭和30年・提供＝平瀬歌子氏〉

▲夕顔丸　明治20年、長崎造船所が三菱の高島炭鉱の貨客船として製造した。206トンの規模で日本初の鉄製貨客船であった。以来、昭和37年に廃船となるまで長く本土と島を結び、市民の足として活躍した。〈長崎市内・昭和36年頃・撮影＝矢野平八郎氏〉

▲水中翼船はやぶさ号　時津と佐世保を結ぶ航路で活躍した、国内初の水中翼船である。運営は野母商船で、1日3便を運行し、片道料金は980円だった。〈西彼杵郡時津町久留里郷・昭和37年頃・提供＝時津町役場〉

フォトコラム　三菱重工業長崎造船所

昭和初期の長崎造船所は、浅間丸やぶらじる丸などの豪華客船が相次いで建造され、七つの海にその優美な姿を浮かべていた。昭和十七年には世界最大の戦艦武蔵が、秘密のベールに包まれて建造される。就役後、大きな戦果もないまま、フィリピン沖でアメリカの機動部隊により撃沈された。

太平洋戦争に敗れると仕事がなくなり、農器具や鍋、釜まで製造して糊口をしのいできた。まもなく漁船の建造が許可され息を吹き返す。昭和二十二年頃の見学会の写真をみると、背後の船台には漁船が写っている。一七三隻を造っているが、かつて豪華客船や戦艦・武蔵などを造った船台で建造しており、現場の人達はどんな気持ちで作業をしていただろうと感慨深いものがある。

昭和二十五年、三菱重工業は三分割され西日本重工業となる（昭和三十九年に合併し再び三菱重工業になる）。当時、国の海運政策と朝鮮戦争の勃発で、大型貨物船や発電プラントなどの生産が軌道に乗る。技術面では、鉄板の接続が「鋲締め」から溶接に変わり画期的な改善がなされた。

昭和三十二年に創業百周年を迎え、記念事業の一環として、現在の長崎市松山町の市営プールの場所に長崎国際体育館を新築し（写真・第四、七章参照）、戦時中長崎造船所が買い上げていたグラバー邸を長崎市に寄贈する。

この頃から大型タンカーや鉱石運搬船などの専用船が主流となり、また艦艇なども建造するようになる。

造船の花形である進水式は、薬玉が割れて巨大な船体が船台を滑りながら海中に進んで行く。その姿は華やかな中に緊張感があり感動的である。しかし船の大型化が進み、ほとんどが乾ドックで建造されるようになり、注水だけの味気ないものになった。

昭和四十七年には港外の香焼島を埋め立て、巨大な百万トンドックやボイラー工場などが造られて、両工場での生産が始まった。

一方、従業員は職場、寮や社宅などで慰安旅行やレクリエーションが盛んに行われ、酒を酌み交わし親睦を深めた。運動会などでは子どもたちと一緒に童心にかえって、明日への英気を養っていた。

（井手勝摩）

▲竣工した宝和丸　太平洋海運から注文を受け建造された宝和丸。昭和27年に起工され翌年に竣工した。全長約177メートル、幅約22メートル、総トン数約1万3000トンであった。〈長崎市飽の浦町・昭和20年代後半・提供＝平瀬歌子氏〉

◀船の建造①　船の躯体が徐々に姿を現わしてきた。船上やその中、外など色々な場所で作業する作業員が小さく見える。〈長崎市西立神町～東立神町・昭和28年・提供＝平瀬歌子氏〉

▼船の建造②　船の名前が判別できないのが惜しいが、昭和初期の造船のようすである。戦前には、さんとす丸、うらる丸、あるぜんちな丸などの船が建造された。〈長崎市西立神町～東立神町・昭和初期・提供＝川口和男氏〉

▶造船所内のクレーン　クレーンは造船に欠かすことのできない重機のひとつである。左がガントリークレーンで正面にそびえるのがジブクレーン。〈長崎市西立神町・昭和35年頃・撮影＝矢野平八郎氏〉

▲造船所を見学　大浦中学校の3年生が見学に訪れた時のもの。終戦間もない頃で生徒の服装もまちまちである。後ろに写るのは第一六一明石丸。〈長崎市西立神町～東立神町・昭和22年・提供＝佐々一久氏〉

◀**進水式**　油槽船 Veedol（ビードル）号の進水式のようすで、船首にくす玉が取り付けられている。船の下には大勢の人が見える。進水の際、制動装置のワイヤーが切れてしまい船が止まらず、対岸に乗り上げる事故が発生している。〈長崎市西立神町・昭和 30 年・提供＝津場邦彦氏・撮影＝津場貞雄氏〉

▶**三菱造船長崎造船所の立神ドック**　鉄骨群はガントリークレーンで、その中には建造中の船が見える。〈長崎市西立神町～東立神町・昭和 32 年・提供＝津場邦彦氏・撮影＝津場貞雄氏〉

▲建造中の三菱重工長崎造船所香焼工場　昭和40年代、高まる大型造船の需要に応えるべく、当時世界最大の100万トンドックを備えた造船所が建設された。同45年に香焼島で着工され、47年に完成した。さらに翌年には幅100メートル、長さ400メートルの修繕ドックもできた。〈長崎市香焼町・昭和46年・提供＝長崎市香焼図書館〉

▲造船所従業員の運動会①　長与村丸田地区の社宅に住む従業員らによる運動会で、従業員らの親睦や連帯感の向上を目的に行われた。丸田地区に社宅が造成されたのは昭和17年のことで、翌年から入居を開始した。長与村にとって最初の大規模住宅団地であった。写真は子どもたちの障害物競走のようす。〈西彼杵郡長与町丸田郷・昭和30年頃・提供＝宮川健氏〉

▲造船所従業員の運動会②　次は大人の番。煙草に火をつけて走るといった現在では考えられないような競技。大らかな時代を映す。〈西彼杵郡長与町丸田郷・昭和 30 年頃・提供＝宮川健氏〉

▲高浜海水浴場にて従業員らの慰安会　仕事を忘れ、仲間たちと笑顔で酌み交わす。運動会やこういった慰安会が仕事の活力となった。〈長崎市高浜町・昭和 48 年・提供＝中川貢氏〉

7 思い出の街角

第二次世界大戦が終わりを告げた昭和二十年、この年は戦後の混乱に加え、台風や豪雨被害もあいまって、長崎市民は経験のない食糧難に瀕していた。配給による食糧供給が充分でない状況のもとヤミ市がつくられ、昭和二十四年にかけて、長崎市内には一千軒を超える露店が西浜町から思案橋、そして長崎駅前一帯などを占拠した。

しかしながらヤミ市は、物価の高騰を招いただけでなく、公道の不法占拠など、戦後長崎市の都市整備に支障をきたしたことから、警察の取り締まりを受け、次第に規模が縮小していった。

ヤミ市に代わって長崎市民の台所を支えたのが、公設市場であった。長崎市では連合国軍総司令部（ＧＨＱ）からの用地返還をへて、昭和二十一年以降、築町で公設卸売市場が、本下町で小売を行う公設中央市場が営業を再開した。とりわけ、生活必需品を市民に供給する小売市場は、長崎市民の食生活に直接関係したことから、同二十六年頃までには市内七カ所に設置されるに至った。

昭和二十年代後半になると、戦時中の建物疎開や原爆による火災で荒廃していた商店街も活気を取り戻していった。このうち浜町商店街では、昭和二十八年に浜屋百貨店が増床、翌二十九年には岡政百貨店も鉄筋コンクリート造六階建て（一部九階）の当時市内で最も高層の建物を建築し、戦後の困窮を乗り越えた長崎市民の繁栄の象徴として大いに賑わった。

江戸町から浜町の間にかけて中央橋が架設され、戦前に柳通りと呼ばれていた浜町本通りの交差路が観光通りと改称されたのもこの頃である。長崎市内中心部では電車軌道や自動車道が相次いで復旧し、戦後の復興とともに現在の街並みの基礎が整えられていった。

浜町商店街のみならず、長崎市内の中心部以外でも商店街が形成され、拡大した。下の写真は昭和三十七年の新大工町商店街のようすをとらえた一枚である。銀行、呉服店、金物店、青物店、菓子店、化粧品店などが営まれており、それぞれが戦後の復興でにぎやかになった長崎の市民生活を潤していたことがうかがえる。

（藤本健太郎）

▲**新大工町商店街**　ここは長崎市東部の繁華街として多くの商店が建ち並ぶエリアで、正面に「新大市」のアーチが見える。その先は桜馬場地区で、そこから手前、諏訪神社方向へと新大工町商店街が続く。左は十八銀行新大工町支店。右の大場金物百貨店、高木呉服店は今も同じ場所で営業を続けている。〈長崎市新大工町・昭和37年・提供＝東洋ネオン〉

▶観光市①　現在のベルナード観光通り。榎津町通り（セントラル劇場の通り）との交差点である。昭和28年、通り沿いにスズラン灯が設置され賑やかな通りに生まれ変わった。この頃はまだ観光通りといわず「観光市」と呼ばれていた。奥に見える大きな建てものは岡政百貨店で、同29年に鉄筋コンクリート造の地上六階建へと建て替えられた。〈長崎市浜町・昭和29年・提供＝花田幸規氏〉

◀観光市②　榎津町通り（セントラル劇場の通り）から東側、中通り方向を望む。左側に見える藤野金物店、十八銀行観光通支店。突き当り右角に日本勧業銀行（後の第一勧銀、現みずほ銀行）の看板が見える。〈長崎市万屋町・昭和30年代・提供＝東洋ネオン〉

▶観光市③　万屋町通りとの交差点である。左角は今も昔も変わらずバッグの専門店市丸、その手前は野田薬局である。右角には大仁田風呂敷店と浜市百貨サービスの看板が見える。〈長崎市万屋町・昭和30年代・提供＝東洋ネオン〉

▲浜市新天通り　観光通り電停と思案橋電停のちょうど中間にあり浜町商店街（アーケード街）に抜ける通りを新天通りという。今は電車通りがアーケード化されたためなくなったが、それまでは小さな横丁の大きなネオンサインが人目を引いていた。看板に名を連ねるうちの数店は今も営業している。また、左上に見える浜屋百貨店の看板や観覧車が懐かしい。〈長崎市浜町・昭和 40 年頃・提供＝古賀英人氏〉

◀浜市新天通りで　浜町アーケード街に抜ける路地で女性らがカメラに収まる。突き当りはタナカヤ付近になる。「麗人募集」と看板にあるように麗人ぞろいである。〈長崎市浜町・昭和 30 年頃・提供＝古賀英人氏〉

▲春雨交差点から県庁坂を望む　多くの人と車や電車が行き交う場所が観光通り電停である。当時は今のように電停はフェンスで囲まれておらず、歩道側に看板が置かれているだけだった。写真中央遠くにそびえる建物は昭和28年完成の旧長崎県庁庁舎。写真左には長崎の夜を賑わしたキャバレー銀馬車。専属バンドの内山田洋とクールファイブが「長崎は今日も雨だった」をヒットさせたのは同42年のことだった。〈長崎市浜町・昭和30年代・提供＝長崎電気軌道〉

◀銅座観光通りから春雨交差点方向を望む　正面の大きなビルは岡政百貨店。昭和29年の第一期工事で鉄筋コンクリート六階建てと一部九階建てになり、9階は当時としては県下で最も高い建物だった。写真左手前には美花園造花店が写る。店舗は移転したが、今なお長崎くんちで使用される徽章（リボン）の専門店である。〈長崎市銅座町・昭和33年・提供＝東洋ネオン〉

◀春雨通り　中央橋から思案橋に至る春雨通りのようすである。戦後、突如としてバラック街が生まれ、長年、市当局を困らせていたが、銅座川への移転がなされようやく広々とした路面が現れる。時代は映画ブーム。右は長崎第一映画館、看板にある「誇り高き男」「やさしく愛して」は昭和31年公開の映画で、後者はエルビスプレスリーの銀幕デビュー作品である。通りの向こうに長崎大映も見える。〈長崎市銅座町・昭和31年・提供＝東洋ネオン〉

▶長久橋から中央橋交差点を望む　この頃になると市街地にもビル群が建ち並ぶようになってくるが、注目したいのはビル屋上などにある看板。右には桔梗マークの協和銀行。PEPSIの看板がある長崎松竹会館の屋上にはバッティングセンターがあった。交差点角は〝衣料品のデパート〟と称された「きのくにや」。左に「馬場の家具」の看板が立つ馬場家具と折り鶴がシンボルの懐かしい「つる屋」。〈長崎市銅座町・昭和50年代・提供＝長崎電気軌道〉

◀柳小路通りの酒蔵入船前にて　柳小路は船大工町の福砂屋本店前から旧銅座市場へ抜ける小道で、小さな商店が建ち並ぶ。もとは小さな川が流れていたところに蓋をし、暗渠にしたもので、路地の飲み屋街の代名詞といえよう。写真の看板には酒蔵入船とあり、一級酒が90円、二級酒が60円とあるように平成の初め頃まであった酒税用の等級分けの表示が時代を映している。〈長崎市本石灰町・昭和39年・提供＝金子剛氏〉

▲思案橋交差点　ちょうどこの頃、道路拡張のため思案橋は撤去され、川も暗渠化された。暗渠となった川の上には、それまで春雨通り（中央橋～思案橋間）に不法に建てられていた、いわゆるバラックの住民を移転させ住まわせた。これが後のハモニカ横丁で、写真の「10カ月払いの壽屋」の下が暗渠である。〈長崎市本石灰町・昭和40年代後半・提供＝矢野平八郎氏〉

▲正覚寺下電停（現崇福寺電停）付近　直進すると小島、田上方面で右上に正覚寺の塀が見える。手前の橋は玉帯橋で、この当時はまだ思案橋付近まで暗渠化されておらず小島川が姿を出していた。写真は昭和43年に路面電車が正覚寺下電停まで延伸される前のものである。〈長崎市油屋町・昭和40年代・提供＝長崎電気軌道〉

▶江戸町　現在の江戸町商店街から北西、通称ピンコロ坂を撮影。正面奥に「長久市」と描かれたアーチが見える。〈長崎市江戸町・昭和31年・提供＝津場邦彦氏・撮影＝津場貞雄氏〉

◀築町の街角で　まだ舗装されていない頃の築町のようす。買物中、顔見知りとバッタリ出会い世間話に花が咲く。通りには呉服店や大衆食堂、玩具店が軒を連ねる。〈長崎市築町・昭和29年頃・提供＝平瀬歌子氏〉

▶新地橋から築町電停（現新地中華街電停）方向を望む　左は昭和38年開業のマルタマストアー。当時は県下最大といわれた。右の黒い建物は商工中金で、その先にはまだ初期の洋館だった十八銀行本店が見える。この川はその後、昭和44年開催の長崎国体の駐車場不足対策として暗渠化され駐車場となる。〈長崎市新地町、銅座町・昭和40年頃・提供＝岩永滋氏〉

▲目隠し倉庫跡の空地　目隠し倉庫が解体された後の大浦海岸通である。右は旧英国領事館の建物で、昭和 32 年、長崎市が建物を買収して児童科学館となった（現在は国指定重要文化財となり改修中）。旧英国領事館の上は活水学院。この通りには三井物産や反田汽船などの商社が建ち並んでいた。〈長崎市大浦町・昭和 38 年・提供＝矢野平八郎氏〉

▲大浦石橋電停から長崎港を望む　大浦は幕末に外国人居留地として発展し、その後も多くの商社やミッションスクールなどが置かれて栄えた。戦後は、異国情緒漂うグラバー園やオランダ坂が観光名所として人気を集める。一方で、石橋電停付近は庶民の町として発展し、市場や商店などがひしめき合っていた。このあと行われた道路拡張によって軌道は川の上にせり出すように付け替えられ、電車は川の上を通るようになる。〈長崎市大浦町・昭和 42 年・提供＝風間克美氏〉

◀県庁舎へ続く通り　国道34号、興善町から万才町、江戸町を望む。昭和29年、消防局新庁舎が完成。鉄筋コンクリート造三階建て、望楼の高さは33メートルを誇り、近代的消防設備が整った。その反対側には原爆で被災した旧新興善小学校の校舎があり、同20年の10月まで原爆被災者収容所となっていた。またここは同23～29年まで長崎医科大学や長崎大学本部が置かれていた。〈長崎市興善町・昭和35年・提供＝矢野平八郎氏〉

▶恵美須町電車通り　市役所側から長崎駅方向を望む。左にある四階建ての建物が長崎中央郵便局。それまで梅香崎町に置かれていた長崎郵便局が昭和45年に新築移転して改称されたもの。〈長崎市恵美須町・昭和50年代・提供＝長崎電気軌道〉

◀桜町電停付近　桜町電停から北西方向を見ている。この電停はもともと小川町電停であったが昭和41年に桜町電停と改称している。〈長崎市桜町・昭和50年代・撮影＝藤本熊夫氏〉

▲長崎駅前　高度経済成長期、市民の間で自動車が普及すると長崎駅前などでは通勤時などに渋滞が発生し始めた。昭和 41 年、長崎県は交通を円滑に進めるため県下初の横断歩道を長崎駅前に設置。翌年二つ目となる歩道橋が完成する。写真はそこから撮ったものである。なお、駅前高架広場の完成は同 44 年。高架広場は日本初の試みであった。〈長崎市大黒町・昭和 42 年・提供＝風間克美氏〉

▲雪の日の長崎駅前　中央左は県営バス乗り場で、ここは昭和 38 年に現在の建物である長崎交通産業ビル（県営バスターミナル）となる。右奥に見えるのは日蓮宗聖林山本蓮寺本堂。同 20 年の原爆により焼失したが、再建された。その背後に同 35 年頃から観光ホテルが建ち並ぶようになり、現在へと続く景観を形成していった。〈長崎市大黒町・昭和 29 年頃・提供＝平瀬歌子氏〉

▲諏訪神社前　馬町交差点である。現在と違って交通量も少なく信号機もまだ設置されていない。正面の諏訪神社の一の鳥居は昭和27年のサンフランシスコ条約を記念して建てられたもので戦後復興の象徴であった。写真ではまだ、真っ白な姿をとどめている。この頃は鳥居のそばに馬町交番があった。〈長崎市馬町・昭和31年・提供＝牧野禎之氏〉

▲蛍茶屋電停から諏訪神社方向を望む　左側の歩道と右側の歩道がそれまで使用していた国道。交通量の増大から拡張工事が進められ、左側歩道のさらに外側に道が拡がった。当初は片側1車線だったが、このように徐々に工事が進められ馬町交差点から日見トンネルまですべて2車線となるのは平成元年のことである。〈長崎市中川・昭和60年代・提供＝長崎電気軌道〉

◀新大工町の一角　右の化粧品店の電話番号の局番がひと桁の②局で始まっていることから、昭和33～41年の頃の写真とわかる。電話は同33年8月10日午前0時をもって自動化され、この日から長崎福岡間が即日通話となった。写真はその頃の新大工町のようすである。新大工町は長崎を代表する商店街のひとつで、今と変わらぬ賑わいようである。〈長崎市新大工町・昭和30年代・提供＝東洋ネオン〉

▶下西山町の旧景　馬町交差点（諏訪神社下）から西山水源地方向へ向かう通りである。道路突き当りには上長崎小学校の塀があり、長崎東高校の体育館らしき壁が見える。この通りは車2台がようやくすれ違うほどの道幅であったが、さらに奥の長崎大学経済学部前からは一車線の狭い通りとなり、通行には、常時、一方向ずつ通行するための信号がついていた。〈長崎市下西山町・昭和44年・提供＝小嶋美代子氏〉

◀立山の商店の前で　1丁目にあった西村商店前で。ガラス戸が懐かしい。左奥にはミゼットが見える。〈長崎市立山・昭和30年代・提供＝瀬戸口光子氏〉

◀岩川町の一角　現在の浦上駅前交差点付近から東を撮影。真ん中は「お手軽割烹ひぐち浦上店」、その奥の大きな建物は長崎地方貯金局（現かんぽ生命長崎支店）である。〈長崎市岩川町・昭和45年頃・提供＝ひぐちグループ〉

▶文教町の街角で　歩きはじめて間もない子どもを連れて店の前を散歩。「寺田屋」は洋服、着物のほか果物やラムネなども売っていた。〈長崎市文教町・昭和40年・提供＝寺田聖一氏〉

◀土木事務所前バス停付近を行く電車
大橋町、土木事務所（現長崎振興局）前のようすである。大正4年に運行が始まった長崎電気軌道の路面電車は大学病院下～築町間を皮切りに徐々に拡大されていく。原爆の影響で一時は壊滅的な被害を受けるも、戦後、北部地区の開発に伴い、昭和25年には写真の右手前方向の住吉まで、同35年には赤迫まで伸びている。〈長崎市大橋町・昭和36年・提供＝浦越真寿子氏〉

▲長与駅前通り　長与町は山に囲まれた風光明媚な土地で、主にミカン栽培が盛んな地域であった。近隣各地から国鉄経由でミカン狩りをする観光客などが多く訪れ、賑わった。手前は駅前橋、奥に長与駅舎が見える。〈西彼杵郡長与町吉無田郷・昭和 40 年代・提供＝長与町役場〉

▲中央商店街　長与は江戸時代は大村藩に属し、大村湾の豊かな恵みと一帯に広がる田や畑の実りに恵まれた村だった。やがて鉄道が通ると長与駅を中心に発展。しかし、経済圏が長崎市域にまで拡大していくとともに長崎市のベッドタウンとしての方向性を余儀なくされ、やがてニュータウンの造成など宅地化、郊外化が進み、商店街の光景も変わっていくこととなる。〈西彼杵郡長与町嬉里郷・昭和 40 年代・提供＝長与町役場〉

▲**嬉里郷の細道**　町道駅前定林線の丸田橋が架かる位置から、少し北へ進み撮影したもの。現在も道幅は変わらない。〈西彼杵郡長与町嬉里郷・昭和40年代・提供＝長与町役場〉

▲**長与村役場前の通り**　通りの右側の建物が当時の長与村役場で、現在は長与町図書館として利用されている。左側の建物は県立西高校長与分校で、昭和63年、この位置に長与町役場が新築移転した。通りの右奥の樹木は今も図書館にあるクスノキである。現在の長与町役場と長与町図書館前の通りである。〈西彼杵郡長与町嬉里郷・昭和40年・提供＝長与町役場〉

▲西田原団地　現在の長与町役場から長与川をはさんで西側付近にあたり、高度経済成長期に一斉に住宅地として拓かれた。画一的な住宅が建ち並んでいるが、当時はまさに〝夢のマイホーム〟だった。〈西彼杵郡長与町嬉里郷・昭和40年・提供＝長与町役場〉

▲時津町の街並み　昭和26年、西彼杵郡時津村が町制施行し時津町となる。時津町は長崎の穀倉地帯として、また、大村湾での漁業などにより発展していく。写真は時津町の三差路・時津交差点付近である。左には長崎バスの時津営業所があり、長崎から時津を経由して大瀬戸方面にバスが走っていた。〈西彼杵郡時津町浦郷・昭和30年頃・提供＝時津町役場〉

▲**時津町のメインストリート①**　浦郷商店街のようすである。手前が八幡神社、突き当りが現在の国道206号となる。向かって左が長崎市、右が時津港である。写真右にLP（プロパン）ガス販売所「長濱屋商店」が見えるが、この頃、LPガスが一般家庭に普及しはじめると、当地域でもかまどが消え、ガスコンロへと変わっていった。〈西彼杵郡時津町浦郷・昭和36年頃・提供＝時津町役場〉

▶**時津町のメインストリート②**　上写真とほぼ同位置であるが自動車の数も増え、突き当りの時津交差点には信号機も設置されている。また、道路標識に「佐世保63キロメートル」とあり自動車で遠方に出かける人も増えたことがうかがえる。昭和30年に架橋された西海橋によって観光ルート「長崎～西海橋～九十九島コース」が脚光を浴び、長崎にも観光ブームの波が押し寄せてきた。〈西彼杵郡時津町浦郷・昭和41年頃・提供＝時津町役場〉

▲旧長崎市役所庁舎　大正３年、県庁も設計した建築家・山田七五郎によって鉄筋コンクリート造で建設された。壁の一部に貼られた赤レンガの意匠と、中央にそびえる望楼が特徴であった。戦火にも耐え、戦後もしばらく使用されたが、昭和33年、火災による被害を受け、解体された。なお、翌年に市役所新庁舎が完成している。写真左には長崎商工会館が見える。〈長崎市桜町・昭和32年・提供＝川口和男氏〉

▲長崎商工会館にあったラジオ長崎　この建物はもともと長崎税務監督局だったが、大正８年に大村町（現万才町）にあった長崎商業会議所がこの建物の払い下げを受け改修、移転した。煉瓦造りの地上２階、地下１階の堂々たる建物であった。昭和27年にラジオ長崎が２階に移転しており、建物左上には「JOUR 1220KC ラジオ長崎」の文字が見える。同39年、国道34号の拡幅のため解体された。〈長崎市桜町・昭和36年・撮影＝矢野平八郎氏〉

◀完成したばかりの長崎市役所庁舎の建物　昭和32年に起工し、同34年に竣工した。地上5階、地下2階で塔屋を配した鉄筋コンクリート造の建物である。〈長崎市桜町・昭和34年頃・提供＝川口和男氏〉

▶長崎市公会堂　長崎国際文化都市建設事業記念施設のひとつとして昭和37年に完成した。鉄筋コンクリート造五階建てで設計は長崎市出身の建築家・武《たけ》基《もと》雄《お》による。平成27年に閉館し、翌年に解体された。跡地には市役所新庁舎の建設が計画されている。〈長崎市魚の町・昭和43年頃・提供＝小川道子氏〉

◀長崎国際体育館　長崎国際文化都市建設事業記念施設のひとつとして昭和36年に完成した建物で、三菱長崎造船所が創業100周年を記念して長崎市に寄贈したもの。写真では周りはまだ工事中。平成6年に閉館し、現在は長崎市民総合プールとなっている。〈長崎市松山町・昭和35年頃・提供＝阿部園子氏〉

▶長崎国際文化会館　昭和30年、長崎国際文化都市建設事業記念施設のひとつとして平和公園の一角に建てられた。鉄筋コンクリート造地下1階、地上6階で、1階はホール、2階は会議室、3、4階は市立博物館、5階は原爆資料室、6階は食堂であった。〈長崎市平野町・昭和31年・提供＝牧野禎之氏〉

◀新築した長崎県保健福祉総合庁舎
魚の町にあった長崎保健所が昭和40年、滑石に新築移転された。現在は西彼保健所として使用されている。〈長崎市滑石・昭和40年・提供＝長与町役場〉

▶崇福寺　寛永6年（1629）、中国福建省の福州地方出身者らが招請した唐僧超然《ちょうねん》によって開かれた。市内にある唐寺、興福寺・福済寺とともに長崎三福寺のひとつに数えられ、大雄宝殿、第一峰門は国宝に指定されている。写真に写るのは嘉永2年（1849）に建立された三門で、昭和39年に国の重要文化財に指定されている。〈長崎市鍛冶屋町・昭和31年・提供＝牧野禎之氏〉

◀グラバー邸　日本最古の木造洋風住宅である旧グラバー住宅（平成27年世界遺産）。グラバー邸の一般公開が始まったのは昭和32年で、同49年には「グラバー園」と名称を改めてオープンし、市内屈指の観光名所となった。〈長崎市南山手町・昭和45年・提供＝小川内クニ子氏〉

▶東山手十二番館　かつて外国人居留地であった東山手には領事館が集まっていた。写真の十二番館は明治元年に建設されたもので、ロシア領事館として使用され、その後アメリカ領事館としても使用された。昭和16年には活水学院の手に渡ったが同51年長崎市に寄贈され、平成に入って全面修復がなされたのち同10年に国の重要文化財に指定されている。〈長崎市東山手町・昭和31年・提供＝牧野禎之氏〉

◀マリア園　明治31年、イエズス会修道院本部としてマリア会修道士センネツの設計により建てられた。煉瓦造三階建てで延床面積861坪という大きな建物である。建物中央にミカエル像が配され、その下に玄関がある。写真では見えないが、右に礼拝堂がある。〈長崎市南山手町・昭和33年頃・提供＝持丸瑞彌氏〉

▲十八銀行本店　明治22年、第十八国立銀行本店の新社屋として俵物役所跡に建てられた。緒方仙次郎による設計でレンガ造二階建ての洋風建物であった。昭和42年、経営規模拡大により手狭となったため、取り壊された。取り壊し前には旧館感謝式が行われている。〈長崎市銅座町・昭和40年頃・提供＝岩永滋氏〉

▶岡政百貨店　長崎市のデパートといえば「岡政」と「浜屋」である。なかでも岡政は安政元年（1854）に異国貿易商「徳島屋」として創業したのがはじまりで、その後「岡政呉服店」を経て、昭和9年に県下初の百貨店として開業した。同33年、岡政前でのメーデーのようすで、浜町商店街や岡政百貨店屋上にまで人びとが繰り出していた。〈長崎市浜町・昭和33年・提供＝津場邦彦氏〉

▲長崎松竹映画館　昭和 39 年 12 月 27 日、西濱町（現浜町 S 東美）にあった長崎松竹映画館が全焼。年末の慌ただしい時期の出来事で、楽しみにしていた正月映画を観ることもできなくなった。ちなみに、看板から正月映画は山田洋二監督、ハナ肇主演の「馬鹿が戦車《タンク》でやって来る」と梅津明治郎監督、長門勇主演の「忍法破り必殺」であったことがわかる。〈長崎市浜町・昭和 39 年・提供＝矢野平八郎氏〉

▶レストラン銀嶺　レストラン銀嶺は昭和 5 年に創業した長崎の老舗洋食屋で、その店構えや備品の数々、何よりも提供される料理の味が、高級レストランとしての名を長崎のみならず日本全国に轟かせていた。ここに入ることは、長崎の企業家をはじめ芸術家や作家にとってもひとつのステイタスであった。まさに、長崎の文化を育む場所だったと言えるだろう。〈長崎市鍛冶屋町・昭和 30 年頃・提供＝古賀英人氏〉

◀**料亭・花月**　昭和33年の売春防止法施行によって花街丸山のすべての貸座敷が廃業し、丸山の灯は消えていった。一方で、料亭・花月は同じ年に創業300周年祭を盛大に行いその存在感を示す。一時は所有者が転々と変わった時期もあったが、昭和35年、県の史跡に指定されたことを契機に有志が花月史跡保存会を立ち上げ、のちに株式会社として今に至る。〈長崎市寄合町・昭和35年・提供＝矢野平八郎氏〉

▲**目隠し倉庫**　昭和15年、三菱重工業長崎造船所で戦艦武蔵が進水した。この直前、大浦海岸通りに置かれていた英国領事館やアメリカ領事館の前に長さ100メートルの二階建て木造倉庫を建設。いわゆる「目隠し倉庫」である。倉庫内には荷物はなく、憲兵や特高などが常時詰めて、領事館を監視し、秘密保持活動を行っていた。昭和37年、大浦海岸通拡張工事のため解体撤去される。〈長崎市大浦町・昭和35年・提供＝矢野平八郎氏〉

◀**西部ガスタンク**　現在の長崎県営バス本局付近にあった。手前の道路は国道202号。昭和36年に新しいガスタンクが完成している。〈長崎市八千代町・昭和20年代後半・提供＝高比羅道子氏〉

▶**炭坑舎**　明治14年、三菱合資会社の事務所として建築された。寄せ棟の木造二階建ての洋館で、三方にベランダを巡らしており、通称「炭坑舎」と呼ばれた。建物裏にあった桟橋は高島、端島へ向かう夕顔丸の発着場として長く使用された。高度経済成長期のエネルギー革命により石炭産業の合理化が進むと炭坑舎もその使命を終え、老朽化が甚だしかったため、昭和60年、惜しまれつつも解体された。〈長崎市小曽根町・昭和49年頃・撮影＝矢野平八郎氏〉

◀**池島の炭鉱職員アパート**　池島での炭鉱開発は昭和27年に始まり、同34年に営業出炭が開始されている。同地で出炭される石炭は日本屈指の品質を誇り、最盛期には採炭夫1,000人が3交代で操業した。これにより島には多くの人口が流入したため、写真の炭鉱アパートが建設された。〈長崎市池島町・昭和37年・提供＝松崎光恵氏〉

▶蔭ノ尾灯台　明治14年、香焼島の北端にイギリス人技師の協力によって建設された。以降、改修を繰り返しながら昭和54年まで使用された。またここは香焼小学校定番の遠足地であった。〈長崎市香焼町・昭和44年頃・提供＝一ノ瀬正明氏〉

◀野母崎の樺島灯台　昭和7年、逓信省灯台局によって建設された。当初は「野母崎灯台」と呼ばれていたが、同28年に現在名へと変更された。撮影当時は職員2人が常駐していたが、46年に無人化された。〈長崎市野母崎樺島町・昭和35年頃・提供＝尾畑砂登美氏〉

▶琴海町西海郷の東公民館　左の建物が旧琴海町東地区にある東公民館。現在も同じ建物だが、壁はトタンで囲われている。〈長崎市西海町・昭和48年頃・提供＝小坂文昭氏〉

▲長与村役場庁舎　昭和33年、鉄筋コンクリート造二階建てで建設された。落成式は長与小学校講堂で盛大に挙行されている。同63年に新庁舎が建設されるまで使用され、役場庁舎としての役目を終えた後、図書館として使用されている。〈西彼杵郡長与町嬉里郷・昭和40年・提供＝長与町役場〉

▲三根公民館　いつ建てられたかは不明だが、現在も同じ建物で使用されている。右に懐かしい火の見櫓《やぐら》が写る。〈西彼杵郡長与町三根郷・昭和40年・提供＝長与町役場〉

◀時津町役場庁舎　昭和6年に完成した木造二階建ての旧庁舎。1階は事務所などにあてられ、2階部分は会議室や公会堂などに使用された。現在の第二庁舎付近に建っていた。〈西彼杵郡時津町浦郷・昭和33年・提供＝時津町役場〉

▶時津町農業協同組合　木造平屋の建物が懐かしい。現在はJA長崎せいひ時津支店として、近代的な建物へと建て替えられている。〈西彼杵郡時津町浦郷・昭和36年頃・提供＝時津町役場〉

◀時津映画劇場・笑栄館　現在の親和銀行時津支店付近に建っていた映画館。昭和36年公開の「風来先生」と「反逆児」のポスターが見える。〈西彼杵郡時津町浦郷・昭和36年頃・提供＝時津町役場〉

フォトコラム

長崎の教会群

昭和初期は日本初の司教となった早坂久之助が長崎教区長として赴任、同七年には大浦天主堂が、日本最古の木造建築の天主堂として国宝に指定（同二十八年の審議で再度国宝に指定）されるなど、一部ではあるが評価されるようになる。

しかし太平洋戦争がはじまると教会の活動は禁止され、神社への参拝を強要されるなど厳しい時代が続く。昭和二十年八月九日原子爆弾が投下され、下写真のように浦上天主堂は原形をとどめないまでに破壊された。

戦後、信仰は復活し、昭和二十四年五月、原爆の傷痕が生々しい浦上天主堂の地で、聖フランシスコ・ザビエル渡来四百年祭が行われた。信者たちはザビエルの「聖腕と遺愛の十字架」を掲げて浦上天主堂から西坂の丘まで行進した。

昭和三十四年、浦上天主堂を廃墟の姿のまま後世に残すべきだ、との声もあったが、信者たちは苦難の歴史が象徴される元の位置に、昔に近い姿で建て替えた。同五十六年二月にはローマ教皇ヨハネ・パウロ二世が浦上教会に来られ祝福を与えた。

大浦教会は原子爆弾の被害も少なく、その昔、浦上の信者が問いかけた「サンタマリア様の像」は当時の姿で遺されている。ここは「信徒発見」の舞台であるが、信者からは「神父様発見」の場であると聞いたことがある。

昭和三十七年に日本二十六聖人の列聖百年を記念して記念碑と記念館が、ゆかりの地、西坂の丘に建てられた。傍にユニークな二つの塔を持つ聖フィリッポ教会が新しく建てられ、人びとの注目を集めた。

近くの中町教会は、原子爆弾の爆風と火災で大破したが、昭和二十六年に残った塔と外壁を利用して復旧し、現在の姿になる。

一六二頁の写真にある香焼島の蔭ノ尾教会は、本土の黒崎や樫山から移住してきた潜伏キリシタンの子孫たちの信仰の場であった。昭和四十五年に三菱長崎造船所の香焼工場の拡充に伴い深浦地区への移転を余儀なくされた。歴史が繰り返された思いであるが、信者のほとんどが造船所に依存しており複雑な思いであっただろう。

（井手勝摩）

◀原爆により倒壊した旧浦上天主堂　昭和20年8月9日、長崎に投下された原爆で、爆心地から約500メートルの位置にあった本尾町の旧浦上天主堂は倒壊した。かろうじて残った建物を残すべきか壊すべきかで当時の世論は揺れたが、昭和33年4月に取り壊されて建て替えられ、現在、その一部が原爆落下中心地公園に移設保存されている。〈長崎市本尾町・昭和31年・提供＝牧野禎之氏〉

◀浦上天主堂仮聖堂　この坂道の上に浦上天主堂があったが、原爆によって灰燼に帰した。昭和21年に写真右上に見える仮聖堂が建てられ、現在の天主堂が建設される同34年まで使用された。〈長崎市本尾町・昭和28年・提供＝平瀬歌子氏〉

▶▼大浦天主堂　平成30年、世界遺産に登録された大浦天主堂は、昭和時代の長崎市民の憩いの場所でもあった。フランス人神父プチジャンの指揮のもと、天草の大工棟梁・小山秀之進が建設を請け負い、幕末の元治2年（1865）2月、盛大に献堂式が行われた。当時の外壁は木造であった。世界的に有名な「信徒発見」の舞台でもある。下写真はクリスマスイブに行われたミサのようすである。〈長崎市南山手町・右：昭和30年頃・提供＝平瀬歌子氏、下：昭和30年代・提供＝津場邦彦氏・撮影＝津場貞雄氏〉

▶日本二十六聖人記念館　日本二十六聖人の列聖100周年を迎えた昭和37年、記念館および記念聖堂、記念碑が完成した。記念館と記念聖堂は今井兼次による設計。記念館は鉄筋コンクリート造三階建て、記念聖堂はガウディを思わせる紡錘型の尖塔が2本そびえる特徴的な建物である。写真左が記念碑、その右が記念館、その奥が記念聖堂。〈長崎市西坂町・昭和40年・提供＝高見彰彦氏〉

◀中町教会　西坂方面より撮影された終戦から4年後の長崎市街地の風景。原爆により外壁と尖塔を残して焼失したカトリック中町教会の建物とその先の長崎港が印象的な写真である。長崎港には数隻の船が停泊している。中町教会は残った部分を活かし、昭和26年に再建されている。〈長崎市内・昭和24年・提供＝津場邦彦氏・撮影＝津場貞雄氏〉

▶カトリック城山教会　若草町に建つ聖アウグスチノ修道会のカトリック教会。昭和27年に浦上小教区から分離・独立した。写真は旧聖堂で、老朽化にともない平成12年に現聖堂が献堂された。城山地区、油木地区、小江原地区を管轄し、現在信徒数約2,700人。隣接する幼稚園と小・中学校を経営している。〈長崎市若草町・昭和45年・提供＝道向市昭氏〉

◀長崎バプテスト教会　片淵1丁目に建つ長崎バプテスト教会。このバプテスト派の教会堂は勝山町から移転して昭和28年に建てられた。移転費用には米国南部バプテスト教会から被爆地広島・長崎の両教会への特別献金が充てられたという。建物は老朽化が進み、平成6年に新しく建て替えられている。〈長崎市片淵・昭和48年・提供＝中川貢氏〉

▲カトリック木鉢教会の前にて　小瀬戸町に建つカトリック木鉢教会。昭和13年に現在地に移転建設され、同37年に木鉢小教区となった。写真はカトリック城山教会の青年姉妹会が木鉢教会を訪問した際に旧聖堂の聖母マリア像の前で撮影されたもの。昭和56年に現在の新聖堂が建立された。〈長崎市小瀬戸町・昭和43年・提供＝道向市昭氏〉

◀蔭ノ尾教会　明治29年、香焼町の蔭ノ尾島にあった灯台近くに建てられていた。しかし三菱重工業香焼工場建設のため住民と共に移転、昭和45年に現在地の深浦に移り、香焼教会となった。〈長崎市香焼町・昭和35年頃・提供＝一ノ瀬正明氏〉

8 戦後の暮らしとスナップ

太平洋戦争終戦から約十年が経過した昭和三十年代からは、戦後の復興が一段落し、高度経済成長期に入っていった。

主要な産業である石炭産業は、昭和四十年代前半に採炭のピークを迎え、その後は石油へのエネルギー転換によって採算が悪化し炭鉱の閉山が相次いだ。造船業は、三菱重工業長崎造船所を中心に業績を伸ばし、四十年代には同造船所は建造量世界一を誇った。

長崎市及び西彼杵郡の農業はというと、平地が少ないため、傾斜地を利用した果樹栽培や野菜、芋類、花き類の栽培が行われていた。茂木地区のビワや西彼杵郡内の柑橘類が特に有名で、大消費地に出荷されていった。

長崎市の人口は時代とともに増え続け、昭和三十年には約三十万人、同四十年には四十万人に達した。これは、長崎市に隣接する町村との合併も影響している。三十年代には、深堀村、福田村、日見村、茂木町、式見村、東長崎町、四十年代には、三重村、時津町の一部が合併した。人口増加に伴って、秩序ある都市開発を図るために滑石、女の都、小江原といった郊外の大規模な住宅団地開発や土地区画整理事業、道路の拡幅や舗装整備が進められていった。また、上下水道や都市ガスといったインフラ整備も行われている。特に上水道は、渇水期にしばしば給水制限になるなど市民生活に影響を及ぼしたことから、既存ダムや貯水池の貯水量を増やしたり、大村市や当時の外海町のダムからの導水管を敷設して給水量を増やすなどの対策を行っていった。

長崎市は、原爆投下により市街地が大きな被害を受けたことから、戦後十年が経過した昭和二十九年、新たな体育文化施設を建設する長崎国際文化センター建設計画を策定。国内外から資金を募り、同三十四年に長崎水族館が完成したのを皮切りに、三十五年に長崎県立長崎図書館と県営網場プール、三十六年に国際体育館、三十七年に長崎市公会堂、四十年に長崎県立美術博物館が開館し、市民の文化の向上に資することとなった。

市民の所得の向上に伴い、三種の神器と呼ばれたテレビ、冷蔵庫、洗濯機といった電化製品や自家用車の普及が進んだ。また、映画館や遊園地といったレジャー施設も登場し市民の憩いの場も増えていった。市中心部の浜町や新大工町の商店街にデパートができたり、郊外にもスーパーマーケットが開店し、消費の拡大が進んでいった。

（徳永　宏）

▲日本二十六聖人殉教記念ミサ　慶長元年（1596）、キリシタン禁教令を出していた豊臣秀吉の命により処刑されたキリスト教徒 26 人に祈りを捧げるため、毎年 2 月に行われる。昭和 37 年には列聖 100 周年を記念して日本二十六聖人記念館が建てられた。〈長崎市西坂町付近・昭和 31 年・提供＝津場邦彦氏・撮影＝津場貞雄氏〉

▶白黒テレビと男の子　懐かしい足付きの家具調テレビの前で。流れている番組は昭和42年から同52年まで放映されていた象印スターものまね大合戦。〈長崎市江平・昭和46年頃・提供＝横山貞人氏〉

▲端午の節句　端午の節句を迎えた子どもの後ろには立派な武者人形が飾られており、健やかな成長を願う親たちの気持ちが伝わってくる。この時揚げられる鯉のぼりは「長崎式」と呼ばれ、唐船の旗の揚げ方に影響された、独特なものである。〈長崎市新大工町・昭和29年・提供＝宮川明彦氏〉

▶初節句の雛祭り　3月以降に生まれた女の子が次の年の3月を迎えると、雛人形を飾って初節句を祝った。2月中頃から飾られるが、長く飾っていると婚期が遅れるなどという俗信もあり、3月3日を過ぎると早々に片付けた。写真では雛人形以外にもたくさんの人形が飾られている。〈長崎市深堀町・昭和35年・提供＝北園逸子氏〉

▶諏訪神社へ七五三　一般的には数え年で男子は5歳、女子は3歳と7歳を迎える年の11月15日に神社へお参りして子どもの成長を祝うおなじみの行事。写真は着飾った子どもと母親が諏訪神社へ参拝したときのもの。長寿の願いが込められた千歳飴を持っている。〈長崎市上西山町・昭和38年頃・提供＝川口大輔氏〉

▲夏の一日　矢の平2丁目にある横向地蔵堂の下の細い道にて。よほど暑いのか子どもはくたくたのようす。〈長崎市矢の平・昭和34〜35年頃・提供＝川口大輔氏〉

▶よそ行きの着物で　ようやく終戦直後の混乱も収まって生活も落ち着き、多少の余裕も出てきた時代の一景。着物で目一杯の盛装をして繁華街へお出かけ。ここは岡政百貨店のあった付近、百貨店は子どもたちにとっても楽しみな場所であった。〈長崎市浜町・昭和28年頃・提供＝大島桃子氏〉

▲長崎駅ホームで見送り　父の東京出張の見送りのため長崎駅へ。子どももお母さんもよそ行きの格好である。駅のホームは列車に乗り込む人、それを見送る人でごった返している。〈長崎市尾上町・昭和 34 年・提供＝宮川明彦氏〉

▲港に停まる市営船の前で　これからお出かけだろうか親子が市営交通船をバックに撮影。写真右の船は崎陽丸。
〈長崎市元船町・昭和 35 年・提供＝本村保昭氏〉

▶家族揃ってお出かけ　お出かけの途中、皆で手をつないでパチリ。右の二人はお揃いの靴を履いている。〈長崎市坂本・昭和27年頃・提供＝平瀬歌子氏〉

◀子どもを自転車に乗せて　ハンドルの後ろと荷台に子どもを乗せてパチリ。母親は割烹着姿で昭和戦後の婦人を代表するような出で立ちである。ちなみに当時、自転車にも税がかけられていた。〈長崎市坂本・昭和25年頃・提供＝平瀬歌子氏〉

▶伯母と従兄弟と一緒に　お祝い事で親戚が集まった冬の日のスナップ。場所は長崎市西山3丁目の旧道。長崎バイパス道路はまだなく、当時はこの狭い道を長崎県営バスが走っていた。この道の先にバスの終点の西山高部水源地があった。〈長崎市西山・昭和36年頃・提供＝小川内クニ子氏〉

▶永田の田んぼでひと休み　田んぼの脇に腰掛ける子ども。現在、このあたり一帯は平成15年に黒崎永田湿地自然公園として整備されている。〈長崎市永田町・昭和33年・提供＝川田広保氏〉

◀浦上川でハゼ釣り　竹でつくった竿と魚籠《びく》を手に釣りを楽しむ。後ろの子の竿の先に釣り上げた獲物が見える。浦上川も高度経済成長期以降、埋め立てや河川改修によって生息する水生生物の種類も大きく変わってしまった。〈長崎市内・昭和31年・提供＝花田幸規氏〉

▶道路の真ん中でキャッチボール
現在では考えられない光景だが、当時はまだ交通量も少なく、写真のように道路の真ん中で遊んでいた。左に懐かしいオート三輪トラック（マツダ・T1500）が写る。〈長崎市若葉町・昭和33年・提供＝野口政晴氏〉

◀**原爆落下中心地公園で花見**　戦後、原爆が落下した位置一帯は公園へと整備され、桜が植えられた。春になると写真のように花見客が訪れ、公園内にシートを敷いて花見を楽しんだ。写真奥、やや左に公園へと移設保存された浦上天主堂の遺壁が見える。〈長崎市松山町・昭和40年・提供＝寺田聖一氏〉

▶**日見トンネル入口付近で花見**　桜が満開のこの日、子どもとともに花見へ。日見トンネルは大正15年に開通した。これが開通する前は長崎街道の難所である日見峠を越えなければならなかった。〈長崎市芒塚町・昭和29年・提供＝宮川明彦氏〉

◀**旧愛宕町の月川別荘前にて**　明治期までは谷沿いに民家があるのみで、昭和初期は別荘地として知られた。しかし戦後は愛宕山山頂付近まで宅地化が進み、かつて別荘地だった面影はない。月川別荘は代議士・月川氏の別荘で後に料亭・幾松となり、現在は介護老人保健施設となっている。〈長崎市愛宕・昭和29年・提供＝宮川明彦氏〉

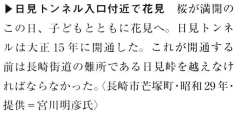

▶憩いの場の長崎公園へ　明治7年、県下最初の都市公園として開設された。当初は大徳寺跡を第1号公園として考えていたが、招魂場となったため見送られ、諏訪神社付近に開設された経緯がある。写真はお正月の光景で、厚着をした多くの人が写っている。〈長崎市上西山町・昭和20年代・提供＝平瀬歌子氏〉

◀山王神社の一本柱鳥居の前で　山王神社には四つの鳥居があり、原爆によって三と四の鳥居が倒壊したが、一の鳥居は無傷で、二の鳥居は辛うじて片方だけが残った。その後、一の鳥居は撤去されたが二の鳥居は半分のまま残され、現在では貴重な原爆遺跡として、国の史跡にも指定されている。写真は坂本町の住民が海水浴へ行った帰りに撮影したもの。〈長崎市坂本・昭和30年・提供＝花田幸規氏〉

▲消防出初め式①　小ヶ倉公民館の前で、揃いの法被《はっぴ》を身に纏った第十七分団の消防団員たちが記念撮影。〈長崎市小ヶ倉町・昭和 44 年・提供＝中尾康弘氏〉

▲消防出初め式②　元村郷の篠田弁慶堂前を行く一団。可搬ポンプを引いて放水会場まで向かう。〈西彼杵郡時津町元村郷・昭和 41 年・提供＝時津町役場〉

▶海で遊ぶ　木造の船に青年たちが乗り込み、皆満面の笑みを浮かべる。浜田郷に接する海岸には現在工場が建ち並んでおり、当時と景観は一変している。〈西彼杵郡時津町浜田郷・昭和35年頃・提供＝宇木赫氏〉

◀必殺卍固め　当時人気のプロレスラー・アントニオ猪木が昭和43年に日本で初披露し、以降猪木の代名詞的な技のひとつとなった。香焼の蔭ノ尾灯台の下で青年らがはしゃぐ。〈長崎市香焼町・昭和44年頃・提供＝一ノ瀬正明氏〉

▶大橋町の路上で　未舗装の道の真ん中でバイクに跨がって撮った一枚。レザージャケットとゴーグルが様になっている。〈長崎市大橋町・昭和30年代・提供＝浦越真寿子氏〉

▲レクリエーション　東望の浜の向かいにあった春日町の東側の陸地にて気の合う同僚たちと交流会。東望の浜から船で渡った。写真左上辺りが東望の浜である。〈長崎市春日町・昭和35年頃・提供＝野口政晴氏〉

▲大黒南海堂の社内ソフトボール大会　長崎大学薬学部グラウンドでソフトボール大会が行われた際の記念写真。選手の手前にはビール瓶が並ぶ。〈長崎市文教町・昭和35年・提供＝牧野禎之氏〉

▶成人式　成人式は昭和24年に制定された成人の日に合わせて行われるようになった。この年、時津町では236人が新成人となっている。〈西彼杵郡時津町浦郷・昭和48年・提供＝時津町役場〉

◀料亭・花月で結婚式　結婚式を挙げた際、新婦の同窓生が活水学院校歌を披露した。〈長崎市丸山町・昭和43年・提供＝阿部園子氏〉

▶結婚式の日に　これから式場に向かうのであろうか。その前に家族そろって記念撮影。酒瓶と魚を担いでいる左の子どもが先導役である「たるにない」を務めた。〈長崎市新牧野町・昭和35年・提供＝川田広保氏〉

◀黒浜に嫁入り　川原からこの地へ嫁いできた時の記念撮影。場所は現在の黒浜バス停前。左には米屋があったが道路の拡張によってなくなった。右には公民館が建つ。〈長崎市黒浜町・昭和39年頃・提供＝土井真由美氏〉

▶料亭・菊本で会食　「菊本」は昭和11年、杉本ワカ（照菊）が本古川町で始めた料亭で、著名人、文化人が多く訪れた。写真には岸惠子（前列左）、山村聰（前列中央）などの面々が写る。山村の右上が杉本ワカである。着物姿の男性は郷土史家・渡辺庫輔《くらすけ》。〈長崎市本古川町・昭和30年・提供＝木下廣子氏〉

◀秋月町の桜の木の下で　ぽかぽか陽気のなか、秋月町を散歩する親子たち。秋月町はかつての飽の浦町1～4丁目にあたり、古くは飽の浦が月見の名所として「秋の浦」と呼ばれていたことから、秋月町の名が付けられたといわれる。〈長崎市秋月町・昭和42年頃・提供＝佐々一久氏〉

▲軒下で雨宿り　突然降り出した雨に雑貨店の軒下で雨宿りする人たち。皆、楽しげに何やら話すようすが写る。隣りあった他人同士でも話に花が咲く、大らかな時代であった。田上にあった雑貨店での光景で、右に「妊産婦用配給脱脂綿予約申込所」の看板が見える。〈長崎市田上・昭和 30 年頃・提供＝米田次雄氏〉

▶大橋町の共同水道　こうした共同の水道は近隣住民の生活に欠かせないものであった。また顔見知りと会えば、たちまち井戸端会議が始まる。〈長崎市大橋町・昭和 30 年代・提供＝浦越真寿子氏〉

▲水を汲む　水を汲んだバケツを天秤棒に提げて運ぶ。なお昭和35年に当時の長与村は簡易水道の給水を開始している。三輪トラックはダイハツのSKC7型。〈西彼杵郡長与町丸田郷・昭和30年頃・提供＝宮川健氏〉

◀家の前で餅つき　傾斜地の狭い路地が多い長崎ならではの光景。こうして自宅で餅をつく光景も最近は見られなくなった。〈長崎市飽の浦町・昭和35年・提供＝本村保昭氏〉

▲道沿いに並んだ洗濯物　写真提供者が当地でクリーニング業を営んでいた頃のもの。三菱重工の工員専門に営業しており、道の奥まで洗濯物が並ぶ。後ろの一段高いところは長崎本線が通る。〈長崎市若葉町・昭和35年頃・提供＝野口政晴氏〉

▲大黒市場にて　終戦直後に長崎駅前に現れたヤミ市の移転先として、昭和31年に暗渠化された岩原川の上に大黒市場がつくられた。主に鮮魚や野菜、精肉、雑貨などを扱う商店が建ち並び、近隣住民の台所として親しまれたが、老朽化などを理由に平成24年に取り壊された。何段にも積まれたトロ箱が当時の賑わいを伝える。〈長崎市大黒町・昭和41年・提供＝小嶋美代子氏〉

▶足長ピエロの登場　電鉄バスの諏訪神社前バス停前付近に、映画館の宣伝をするため現れたピエロの扮装をしたサンドイッチマン。看板には「新築開場の大映」とある。〈長崎市新大工町・昭和31年・提供＝津場邦彦氏・撮影＝津場貞雄氏〉

◀商店の店先で　新大工町商店街の島田商店にて。店頭には「ゆで栗有ります」「茂木梨一ツ十円」の札が見える。この店は現在も「島田フルーツ」として営業を続けている。〈長崎市新大工町・昭和34年頃・提供＝佐野昇氏〉

▲開店祝いの記念写真　深堀に日用品や食料品を扱っていた北園商店が開店した。写真は商店主家族たち。〈長崎市深堀町・昭和 34 年頃・提供＝北園逸子氏〉

▲料亭・花月の春雨祭　花月は、江戸時代に江戸の吉原、京都の島原とともに三大花街のひとつに数えられた長崎の丸山にある。創業は寛永 19 年（1642）。以来多くの文人墨客が訪れ、坂本龍馬も登楼している。写真は花月でつくられた端唄「春雨」にちなんだ「春雨祭」のようす。〈長崎市丸山町・昭和 31 年・提供＝津場邦彦氏・撮影＝津場貞雄氏〉

▲田植え　昭和40年代前半から機械による田植えが実用化されるが、写真ではまだ手植えである。かつては近所や親類が手伝う、相互扶助によって行われていた。〈西彼杵郡時津町内・昭和45年・提供＝時津町役場〉

▲畑道を行く　農家の女性が天秤棒を担いで畑道を行く。この一帯は戦国時代、長崎氏と深堀氏の合戦場となった場所である。〈長崎市田上・昭和30年頃・提供＝米田次雄氏〉

▲網場《あば》のひとコマ　縄ないのようすであろう。材料はワラではなくシュロのようなものである。〈長崎市網場町・昭和 33 年・提供＝津場邦彦氏・撮影＝津場貞雄氏〉

▲木材の運び出しに使役した牛　牛はこうした木材の運び出しのほか、開墾や田起こしなどさまざまな場面で活躍し大切な存在であった。家族同様に扱い、大切にしたという。〈長崎市現川町・昭和 40 年代・撮影＝藤本熊夫氏〉

◀ブドウ狩り　時津町では昭和36年からブドウ栽培が始められ、現在ではミカンと並ぶ町の特産品となった。写真は観光農園でのブドウ狩りのようす。〈西彼杵郡時津町西時津郷・昭和48年・提供＝時津町役場〉

▼高島に物資を運ぶ　高島の生活物資は主に野母崎半島から船で運ばれた。生鮮食品は蚊焼や黒浜から「かつぎ屋さん」が来て販売することもあった。写真の男性も多くの野菜をリヤカーに載せ運んでいる。〈長崎市高島町・昭和40年代・提供＝竹平和喜氏〉

▲ミカンを運ぶ　長与でのミカン栽培は、明治初期に少数ではあるがすでに行われており、明治末期から大正にかけて各地に広まっていった。太平洋戦争中で一時中断を余儀なくされたが、戦後再び力が入れられるようになり、作付面積も年々増えて現在では長与町の特産品として知られるまでになった。〈西彼杵郡長与町斉藤郷・昭和40年・提供＝森君代氏〉

▲地《じ》搗《つ》き　この頃までは家を建てる際、現在のように柱を固定するコンクリート基礎ではなく、地面を押し固め、束石を置いてその上に柱を立てた。写真のように木で櫓を建て、そこに滑車をかけて石や丸太を吊るした縄を引いて地搗きをした。〈長崎市三原町・昭和40年・提供＝本村保昭氏〉

▲真珠母貝の養殖　時津では明治期から真珠母貝の養殖が行われていた。大村湾の中でも当地では良品の母貝が産出されるため、戦後、真珠養殖業が盛んとなり、真珠養殖の本場である三重県から養殖業者が殺到したという。しかし昭和42年頃から、過剰生産と需要の変化により下火となった。〈西彼杵郡時津町内・昭和30～40年頃・提供＝時津町役場〉

▲新造船舶の飾り付け　進水式のこの日、新造された船舶に大漁旗が飾り付けられ、海上安全と大漁を願った。〈西彼杵郡時津町浦郷・昭和30～40年頃・提供＝時津町役場〉

▲安保トンネルを行く　石炭を効率的に運ぶため、香焼炭坑の採掘を行っていた川南工業によって建設が開始されたトンネル。建設中に終戦を迎え、その後川南工業の破綻により頓挫していたが、昭和31年に区の補助を受け開通した。写真では日野のボンネット型トラックが狭いトンネル内を行く。〈長崎市香焼町・昭和31年・提供＝長崎市香焼図書館〉

▲安保地区のボタ山で　香焼の安保地区では原料炭の生産が昭和39年まで行われており、石炭の採掘に伴って出るボタ（捨石）の山があった。写真は運搬に従事していた作業員たち。〈長崎市香焼町・昭和30年・提供＝長崎市香焼図書館〉

▶立山公園で職場の運動会　現在の立山公園運動場にて行われた山田鉄工所の運動会でのひとコマ。立山公園は桜の名所でもあり、鉄工所の人たちも春には花見によく訪れたという。〈長崎市立山・昭和26年・提供＝杉原和子氏〉

◀▼香焼鉱業の運動会と花見　この時期が香焼炭坑の最盛期であり、写真からも当時の好況が伝わってくるようだ。昭和35年には鉄筋四階建てアパートや独身寮、映画館、病院などが建設されている。〈長崎市香焼町・昭和30年代前半・提供＝長崎市香焼図書館〉

▶**長崎バス吹奏楽団の演奏** 西海橋開通を祝う長崎バス吹奏楽団の演奏のようす。現在新地町に本社を構える長崎バス（長崎自動車株式会社）の設立は昭和 11 年。撮影当時は茂里町に本社があった。〈長崎市茂里町・昭和 31 年・提供＝小川内クニ子氏〉

◀**大雪の日に** 長崎市では珍しくまとまった降雪となり雪が積もった。さっそく男の子に駆り出されたお父さんが雪だるま作りに精を出している。写真上部の聖フランシスコ病院も雪化粧をしている。〈長崎市小峰町・昭和 34 年・提供＝宮川明彦氏〉

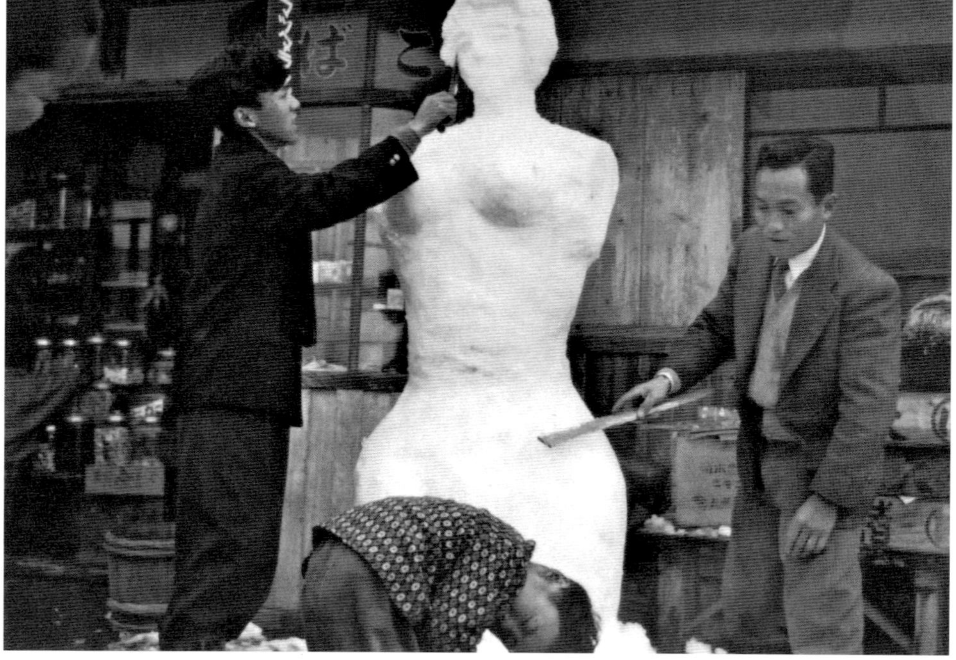

▶**雪像を作る** まとまった雪が積もったこの日、ビーナスの雪像を作るようす。ちなみに右は元時津町町長の塩見治光である。〈西彼杵郡時津町西時津郷・昭和 30 年頃・提供＝宇木赫氏〉

▶女相撲　深堀小学校で行われた女相撲でのひとコマ。〈長崎市深堀町・昭和30年頃・提供＝北園逸子氏〉

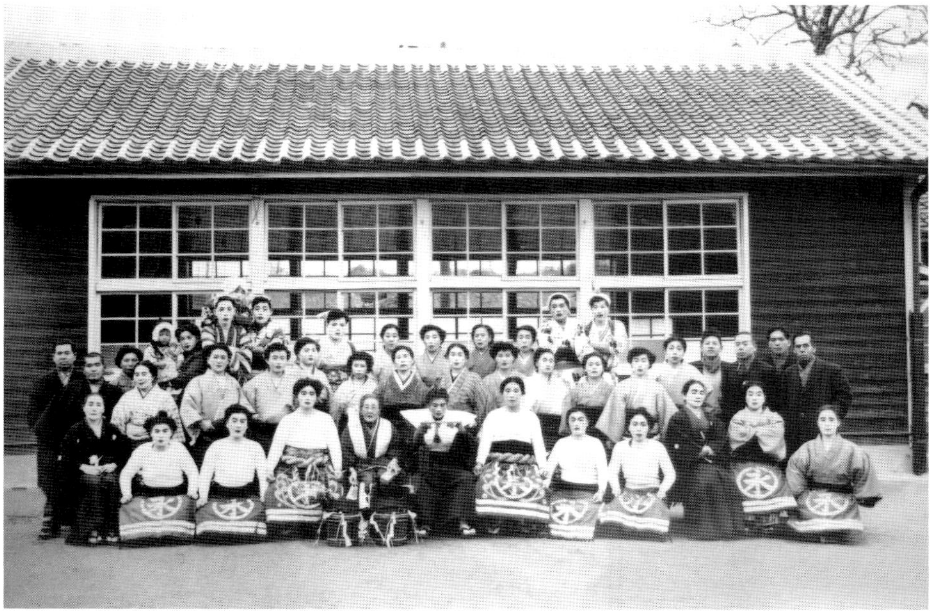

◀芝居小屋にて　深堀村船津にあった恵美須座という芝居小屋での上演風景。〈長崎市深堀町・昭和29年・提供＝北園逸子氏〉

▶深浦地区の子ども祭り　県営深浦住宅内で行われた子ども祭りのようす。紙芝居が行われているようだ。〈長崎市香焼町・昭和52年・提供＝長崎市香焼図書館〉

▲敬老会　時津中学校講堂で行われた敬老会のようす。歌を披露している。
〈西彼杵郡時津町浜田郷・昭和 35 年頃・提供＝宇木赫氏〉

▲中山公園で観桜会　公園内にゴザを敷き、机を設え、さあ一杯。満開の桜の下で酌み交わす酒は格別であった。現在一帯は住宅団地となっている。〈西彼杵郡時津町浦郷・昭和 29 年・提供＝時津町役場〉

▶旧西山町３丁目の町内運動会　西山高部水源地の広場で行われた町内運動会のようす。徒歩競争、障害物競走、マラソン、仮装パレード、踊り、上・中・下地区対抗リレーなどが賑やかに行われた。〈長崎市西山・昭和 45 年頃・提供＝小川内クニ子氏〉

◀地区の運動会　長与中学校の校庭で行われた地区の運動会。写真では競技の合間だろうか獅子舞が披露されている。〈西彼杵郡長与町丸田郷・昭和41年・提供＝山口敏昭氏〉

▶町民運動会で仮装　町民運動会に繰り出した町民らによる仮装の催し。演目は町のお年寄りたちによる「原長寿尋常小学生」。着用しているのは、学校に通っていた頃の制服だった着物である。〈長崎市神浦向町・昭和 46 年・提供＝本濵武氏〉

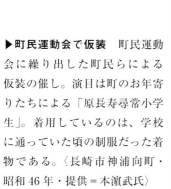

◀▼**岡政百貨店の屋上遊園地**　まだ娯楽施設が少なかった当時、子どもたちにとって屋上遊園地は憧れの場所であった。回転する車の遊具に乗る子どもを、周りで親たちが微笑んで見守る。〈長崎市浜町・左：昭和30年頃・提供＝高比羅道子氏、下：昭和31年頃・提供＝道向市昭氏〉

◀**浜屋百貨店の屋上遊園地**　こちらは浜屋百貨店にあった車の遊具。屋上遊園地は最近まで営業を続けていたが、現在は休止している。〈長崎市浜町・昭和39年頃・提供＝石橋久美氏〉

▲稲佐山ロープウェイ　長崎市街の美しい夜景が望める稲佐山は、長崎市屈指の観光名所である。昭和32年に登山道路が整備されたが、さらにアクセスしやすいよう同34年に淵神社から稲佐山頂上をつなぐロープウェイが営業を開始し、約5分で山頂までのぼれるようになった。当時の料金は大人ひとり150円。写真の車体は現役を退き、現在は淵神社横の宝珠幼稚園内に置かれている。〈長崎市内・昭和34年頃・提供＝石川敬一氏〉

▲稲佐山展望台　登山道路やロープウェイが設置されたことで稲佐山への観光客は増加。さらに整備が進められ、昭和34年には屋外音楽堂と2階地下1階の展望台が設置された。〈長崎市稲佐町・昭和37年頃・提供＝杉原和子氏〉

▶**長崎スカイランド①**　昭和42年、田上、弥生町、早坂町の山林を造成し建設された、大型レジャー施設である。写真後ろのプールのほかにゴーカートやモノレールを備え、休日ともなると多くの家族連れで賑わった。〈長崎市三景台町・昭和44年・提供＝金子剛氏〉

▼**長崎スカイランド②**　写真に写る人びとは皆、スカイランドの入口へと足を向ける。開園当初は多くの来場者があったが、時代を経るごとに客足が伸び悩み、昭和46年に閉園となった。現在跡地は三景台団地として分譲され多くの住宅が建ち並ぶようになった。〈長崎市三景台町・昭和43年頃・提供＝中川貢氏〉

▶長崎水族館　昭和34年、国際文化センターの建設事業の一環として、宿町に長崎水族館が建設された。総工費1億3,600万円、鉄筋コンクリート造三階建ての規模で、主に南極で捕獲されたキングペンギン「フジ」など、7種115羽のペンギンが展示された。〈長崎市宿町・昭和34年頃・提供＝野口政晴氏〉

◀長崎水族館の水槽　館内にあった水槽。ヒトデや貝、魚などを展示していたようだ。〈長崎市宿町・昭和38年・提供＝道田玲子氏〉

▲長崎水族館のペンギンたち　フンボルトペンギンとマゼランペンギンの展示コーナーである。多くのペンギンたちを展示する同水族館は、別名「ペンギン王国」とも称された。また、隣接して遊園地も設けられていた。〈長崎市宿町・昭和48年頃・提供＝横山貞人氏〉

▲網《あ》場《ば》県営プール　昭和35年、国際文化センターの建設事業の一環として、長崎水族館の隣に完成した。翌年には飛び込みプールが増設され、同44年の長崎国体では水泳競技の会場となっている。〈長崎市宿町・昭和37年・提供＝宮川明彦氏〉

▲長崎遊園地　昭和32年、福田にオープンした遊園地。ゴーカートや回転木馬、観覧車などを備え、子どもたちの憧れの場所であった。昭和40年代には絶大な人気を誇っていたが、平成8年に閉園した。〈長崎市大浜町・昭和46年頃・提供＝横山貞人氏〉

▲長崎遊園地のボート　福田の遊園地とも呼ばれ親しまれていた。海やプールで泳いだり、たくさんの遊具で遊ぶことができた。写真はボート遊具。ボートの前部分には当時人気だったパーマンのイラストが入っている。〈長崎市大浜町・昭和45年頃・提供＝小川内クニ子氏〉

▶長崎遊園地の観覧車　遊園地の定番、観覧車に乗って。現在、遊園地で見られるような観覧車に比べると小さく簡素なものであったが､充分楽しめた。〈長崎市大浜町・昭和 37 年・提供＝瀬戸口光子氏〉

◀人気のミニ列車　列車に乗る子どもたちが皆同じ格好であることを見ると、幼稚園の遠足で長崎遊園地を訪れた時のものだろうか。友達と乗る遊具はよりいっそう楽しかった。〈長崎市大浜町・昭和 40 年頃・提供＝川口大輔氏〉

▶スリル満点の回転飛行機　長崎遊園地内には大型遊具が 14 基設置されていた。これはそのうちのひとつ。〈長崎市大浜町・昭和 39 年・提供＝本村保昭氏〉

▶**長崎県亜熱帯植物園**　昭和38年、長崎半島のほぼ南端に県営亜熱帯植物苗《びょう》圃《ほ》園《えん》として開園し、同44年に植物園と改称。東南アジアやアフリカなどに自生する植物を配した東洋一の植物園であった。平成5年には老朽化のため再整備され、「サザンパーク野母崎」の愛称が付けられたが、同29年に閉園した。〈長崎市脇岬町・昭和43年・提供＝山口貞行氏〉

◀**稲佐山でピクニック**　昭和8年に登山道が開設されたが、戦時中は軍用施設が設置され、市民の立ち入りは禁止された。戦後に入り、電波塔やロープウェイが設置され、市民のレクリエーションの場として親しまれるようになった。写真は稲佐山の中腹で休憩したときの一枚。〈長崎市稲佐町・昭和39年・提供＝本村保昭氏〉

▲春の金比羅山　長崎市の春の行楽といえばハタ揚げ。毎年多くの愛好家や家族連れが楽しむ。写真は西山にある金比羅山のハタ揚げシーズンの行楽風景。上の大きな岩はその形状から「ヒヨコ岩」「ドンク（蛙）岩」とも呼ばれる、烏帽子岩である。〈長崎市西山・昭和 43 年頃・提供＝小川内クニ子氏〉

▲岩屋山へピクニック　淵中学校の生徒たちが、教育実習生の先生とのお別れの際、思い出作りで岩屋山へ遠足に行ったときのもの。岩屋山は修験道の山として知られる。〈長崎市岩屋町・昭和 32 年・提供＝杉原和子氏〉

◀香焼の浜でスイカ割り　棒を下ろした瞬間だが、スイカは無傷。現在は三菱重工業長崎造船所香焼工場が建ち、このようなレジャーを行うことは難しい。〈長崎市香焼町・昭和44年頃・提供＝一ノ瀬正明氏〉

▼水源地へ遠足　西山高部水源地を訪れた玉園幼稚園の園児たちが、ここまで来るのに疲れたのか座り込んでいる。この水源地は明治37年に完成した施設。桜の名所としても知られ、古くから市民に親しまれてきた。後ろはダムの堤体で「どんなに寒いときでも、市民のために水を汲んであげましょう」という意味の「寒奨済《かんしょうさい》我《が》人《じん》」の文字が刻まれているのがわかる。〈長崎市西山・昭和35年頃・提供＝石橋久美氏〉

▲平和公園の平和祈念像　爆心地の松山町にある平和公園の平和祈念像前広場。修学旅行生の記念写真撮影が行われている。平和祈念像（北村西望作）は昭和 30 年に完成。長崎市出身のノーベル賞作家のカズオ・イシグロの小説「遠い山なみの光」にも登場する。〈長崎市松山町・昭和 45 年・提供＝小川内クニ子氏〉

▲スーパーカーの展示会　当時、全国的なスーパーカーブームが訪れ、長崎市でも展示会が開かれた。後ろにはスーパーカーの代表格、ランボルギーニやポルシェが写る。〈長崎市松山町・昭和 52 年・提供＝赤沢智津子氏〉

9 祭りと民俗行事

長崎県は朝鮮半島、中国大陸に近いことから、古くから交通の要衝であった。十六世紀には、ポルトガル貿易港として南蛮文化が花開き、その後江戸時代には鎖国政策の中でオランダと中国との貿易が行われる数少ない海外貿易の窓口となった。海外交流の要所という歴史的背景は、土地の祭りや伝統行事に多くの影響を与え現在に至っている。

現在、四月上旬には、ハタ揚げ大会が唐八景公園や金毘羅公園で行われている。『長崎市史風俗編』によると、長崎のハタ揚げは江戸時代、貿易に訪れた中国やオランダなどを通して、東洋はもとより遠く欧米まで名が伝わった遊戯だという。上下左右に操縦できるアゴバタに、砕いたガラスを糸に塗ったビードロヨマを用い、他の凧と切り合わせる喧嘩凧《バタ》が長崎のハタ揚げの特徴である。

今では夏の風物詩として知られるペーロンは、元々旧暦五月五日、六日の端午の節句に船を競わせていたもの。中国の南部地方から長崎に伝わった競技といわれ、江戸時代は長崎市中でも盛んに行われていたが、熱中しすぎて喧嘩に発展し度々禁令が出され、市中でのペーロンは衰退した。現在は、深堀、福田、戸石、三重、式見、長与、時津などで熱心に行われており、毎年七月下旬には長崎ペーロン選手権大会も開催される。八月十五日に行われる精霊流しも、江戸時代の唐人文化の影響により始まったという説がある。死者の霊を西方浄土に送るため、主に初盆の家が流すもので、鉦に合わせて南無阿弥陀仏がなまった「ドーイドーイ」を唱え、爆竹を鳴らしながら進む。江戸時代は港に精霊船を流していたが、明治期には禁じられた。戦後、昭和三十年代には車輪を付けた大型の船が増えたが、現在はその大きさにも制限がある。

十月七日から九日に開催される、長崎の氏神諏訪神社の秋の例大祭は長崎くんちとして全国的にも有名である。寛永十一年（一六三四）より神事が始まり、神輿の渡御が行われた。また、丸山町の傾城が神事踊を舞ったのが現在の奉納踊りの始まりとされ、現在では五十九町が七組に分かれて七年ごとに奉納を行っている。同じくこの時期各地区では郷《さと》くんちが行われ、それぞれの土地柄を反映した演目が奉納され、秋の風物詩となっている。

長崎市・西彼杵郡には、古くから続く祭りや伝統行事が今なお残る。しかし、その内容は時代や環境などを反映し常に変化していることから、今回本書に掲載された写真の一枚一枚が、当時のようすを知る貴重な資料といえるだろう。

（入江清佳）

▲**前長崎県知事を弔う**　この年の１月に亡くなった前知事・西岡竹次郎を弔う精霊船が行く。この頃から精霊船の大型化が顕著となり、全長10メートルを超す船も出現した。交通の妨げになることも度々あった。〈長崎市内・昭和33年・提供＝津場邦彦氏・撮影＝津場貞雄氏〉

▲中華料理四海樓の精霊船が行く　四海樓の二代目陳揚俊の竜頭船型の精霊船。籠町にあった四海樓から梅香崎郵便局方面へ向かう道での光景。精霊流しは死者の霊を西方浄土へ送るため、主に初盆を迎える家が行う。江戸時代には竹と麦わらでつくった船を港まで担ぎ流していたが、船の妨げになるとして明治の初めに禁止され、現在は「流場」まで運ばれる。〈長崎市籠町・昭和40年・提供＝中華料理四海樓〉

▶水兵と精霊船　水兵も参加した精霊流しのようす。「王将」の文字が書かれた印灯篭を先頭に精霊船が続く。〈長崎市内・昭和20年代・提供＝津場邦彦氏・撮影＝津場貞雄氏〉

◀**西中川の精霊船**　「西中川」と書かれている部分は「みよし」と呼ばれる。ここに家紋や名字を書くのが習わし。また町内合同で出す「催合船《もやいぶね》」の場合は町名が書かれる。この「みよし」は明治以降次第に大型化していったといわれる。〈長崎市内・昭和30年頃・提供＝津場邦彦氏・撮影＝津場貞雄氏〉

▶**中小島町南部の精霊船**　中小島町南部の催合船である。「南」と書かれた「みよし」はかなり大きい。〈長崎市中小島・昭和25年頃・提供＝佐々一久氏〉

◀**香焼の精霊船**　帆に書かれた「西方」は西方浄土（極楽浄土）のことを指し、先祖が無事浄土へ着くようにとの想いが込められている。〈長崎市香焼町・昭和30年代前半・提供＝長崎市香焼図書館〉

▲◀▼長崎みなと祭の仮装パレード　長崎みなと祭は昭和5年、長崎港開港360年を記念して諏訪神社境内で行われた式典が始まりである。戦時中に一時中断したが、同25年に復活。年々盛大になり、同48年には「ながさきまつり」と改称している。左と下の写真は諏訪神社付近。上と下写真で仮装しているのは米軍巡洋艦の乗組員。〈左、下：長崎市馬町、上：築町・昭和35年頃・撮影＝矢野平八郎氏〉

▲長崎みなと祭に参加した浜市商店連合会の仮装隊　高島流砲術の創始者・高島四郎大夫砲術隊の仮装をして長崎みなと祭に参加した浜市商店連合会の面々。湊公園にて。真ん中には精巧につくられたハリボテの大砲が見える。〈長崎市新地町・昭和33年・提供＝林田哲男氏〉

▶長崎みなと祭の山車　米軍による軍艦を模した山車。造船所を有する長崎ならではの山車である。〈長崎市籠町・昭和38年頃・提供＝金子剛氏〉

▲長崎くんちの龍船《じゃぶね》　写真は西濵町の演し物での龍船で、中央に設えられた朱塗りの屋形は開くと舞台になり、ここで本踊が奉納される。写真は伊勢宮神社にて。〈長崎市伊勢町・昭和32年・提供＝稲尾吉広氏〉

▲深堀くんちにて　深堀神社の秋の大祭で行われるくんち。境内には神輿が置かれ、その前で浦安の舞が奉納される。写真は舞姫たち。〈長崎市深堀町・昭和35年頃・提供＝北園逸子氏〉

▲▼小ケ倉くんち　小ケ倉大山祇神社の大祭で行われるくんちは1丁目上揚、1丁目中、2丁目、3丁目が輪番で奉納する。上写真は2丁目の演し物の鯨船で、鯨の叩き売りなどが披露された。下写真は七福神に仮装した人びと。〈長崎市小ケ倉町・上：昭和24年・提供＝大平吉之氏、下：昭和38年・提供＝中尾康弘氏〉

▲屋外で子ども芝居　小ケ倉くんちの奉納踊りで披露されたもの。女児による大人顔負けの芝居に周りの子どもたちも見入っている。〈長崎市小ケ倉町・昭和 26 年頃・提供＝小川道子氏〉

▲茂木くんちの相撲大会　裳着《もぎ》神社の秋季大祭である茂木くんち。通常は神輿のお下りから始まって、奉納踊り、大祭、湯立て神事、お上りなどが行われるがこの年は相撲大会が奉納されたようだ。これが最初で最後の奉納であった。〈長崎市茂木町・昭和 33 年・提供＝山口貞行氏〉

▲樺島熊野神社のくんち　別名「ひゅーこてんてん」とも呼ばれる。神輿のほか、笛吹き、舞子、太鼓も出る。〈長崎市野母崎樺島町・昭和 45 年・提供＝野中幸子氏〉

▲八幡神社の宮日　同社は旧時津村の鎮守で、城山に鎮座していた。寛文年間に現在地に遷座され、八幡大菩薩八幡宮と称したが、明治期に八幡神社と改称している。写真は小振りな神輿が子どもと大人たちに担がれ、神社前の階段を下りる宮日のひとコマ。〈西彼杵郡時津町浦郷・昭和 45 年・提供＝時津町役場〉

◀若宮稲荷神社の竹ン芸　毎年、同神社の秋の大祭で奉納される。竹ン芸は文政3年(1820)、初めて八百屋町が諏訪神社の長崎くんちに奉納したのが始まり。境内に立てられた2本の竹の上で狐の面を付けた白装束の演者がお囃子に合わせながら妙技を披露する姿は圧巻である。なおこの竹ン芸は、市の無形民俗文化財（昭和49年）及び国の選択無形民俗文化財（平成15年）に指定されている。〈長崎市伊良林・昭和30年頃・提供＝津場邦彦氏・撮影＝津場貞雄氏〉

▶唐八景のハタ揚げ風景　長崎の春の風物詩・ハタ揚げのようす。かつてハタ揚げは4月10日に金比羅山、4月15日に風頭、4月29日に唐八景で行われていた。ハタは長崎特有のもので、通常の凧とは形、絵柄とも異なる。ハタ同士を掛け合わせビードロヨマ（凧紐）で相手のヨマを切る「喧嘩凧《バタ》」が最大の見どころである。〈長崎市田上・昭和20年代・提供＝津場邦彦氏・撮影＝津場貞雄氏〉

▲皇后島の大名行列　別名「鼠島」として知られる皇后島。明治35年に長崎遊泳協会が設立されて以降、水泳道場として長崎の多くの子どもたちは、夏にこの島で水泳訓練を受けた。大名行列は同44年に行われた水泳大会の余興として行われたのが始まりで、大正2年頃から行事化した。細川藩の参勤交代の行列が大井川を渡るようすを模したもので、大名を乗せた御輿を中心に露払い、騎馬、大鳥毛、入れ墨姿の雲助《くもすけ》などが道中に加わる。〈長崎市小瀬戸町・昭和31年・提供＝津場邦彦氏・撮影＝津場貞雄氏〉

▶大名行列の記念に　雲助に扮して、大名行列に参加した子どもたち。ペーロン大会とともに長崎の夏の風物詩として知られた鼠島の大名行列だが、昭和47年に島周辺が埋め立てられ陸続きとなったため、現在は市民プールで行われている。〈長崎市小瀬戸町・昭和20年代・提供＝津場邦彦氏・撮影＝津場貞雄氏〉

▲神浦神社大祭の踊子　神浦神社は寛政９年（1797）、この地に神功皇后が祀られたことにはじまる。皇后の三韓出兵の帰路、この地が休憩地となったと伝えられており、古くから祭祀の場となっていたといわれる。写真は秋の大祭の時の一枚。〈長崎市神浦江川町・昭和40年・提供＝本濵武氏〉

▲萬行寺の花まつり　花まつりとは釈迦の生誕を祝う仏教行事で、張り子の白象の背にお釈迦様の像が据えられ、それに甘茶をかけて献花する。写真は張り子の象を引く子どもたち。〈西彼杵郡時津町浜田郷・昭和35年・提供＝宇木赫氏〉

▲浜田郷の浮立　江戸時代末期に大村から当地へ伝わったといわれる。雨乞いを祈願するもので権現神社に奉納した後、行列をなして岩屋神社まで練り歩いて奉納した。行列は塩はらい、傘鉾、矢箱もち、鉄砲、槍持ち、提灯箱、ササラ、カケ踊、鉦、大太鼓、小太鼓、笛という構成である。写真は笛の吹き手たち。〈西彼杵郡時津町浜田郷・昭和31年頃・提供＝宇木赫氏〉

▲お地蔵さん祭りにて奉納相撲　東長崎の高城台小学校現川分校の上にあるお地蔵さんで行われる祭りにて。写真は子ども同士だが、大人も奉納した。〈長崎市現川町・昭和50年頃・撮影＝藤本熊夫氏〉

▲山の神神社の例祭　山の神神社の例祭である願成就はその年の収穫を感謝する祭りで10月末頃に行われる。腰につけた可愛らしい太鼓を持った子どもたちが神社へ向かう。〈長崎市現川町・昭和50年頃・撮影＝藤本熊夫氏〉

▲盆踊りの後の仮装行列　娯楽が少なかった当時、年中行事のなかでもとりわけ楽しみだった盆踊り。写真は香焼で行われた盆踊りの後に行われた、香焼鉱業社員による仮装行列のようす。〈長崎市香焼町・昭和30年代前半・提供＝長崎市香焼図書館〉

▲かき道のペーロン　長崎の夏の訪れを告げるペーロンは16世紀末、長崎港に来航した唐船の人びとによってもたらされたといわれる、漕船の競走である。長崎市を中心に長崎半島、大村湾の一部、西彼杵半島で行われる。現在のペーロンは太鼓たたき、銅鑼たたき、舵手、采振、あか汲みが各一人、漕手26人以内の乗組員約30人が乗り込み、「ジャーン、ジャーン」と打ち鳴らされる銅鑼と太鼓囃子に合わせて漕ぎ手が櫂を漕ぐ。写真はかき道で行われたペーロンのようす。漕手たちが他船に負けないよう、必死に漕いでいる。〈長崎市かき道・昭和30年代・提供＝津場邦彦氏・撮影＝津場貞雄氏〉

▲深堀のペーロン　深堀はペーロンが盛んな地域のひとつ。現在は深堀新漁港突堤の恒例行事となった深堀ペーロン競漕大会が開催されている。〈長崎市深堀町・昭和34年・撮影＝矢野平八郎氏〉

▲香焼のペーロン　ペーロン競漕をひと目見ようと見物客でごった返す競技前のひとコマ。現在も本村海岸で行われている。〈長崎市香焼町・昭和45年・提供＝長崎市香焼図書館〉

▲小ケ倉のペーロン　小ケ倉の船溜まり付近を行く船。ペーロン競漕で一位になることは名誉であり漕手は精一杯、漕ぐ。〈長崎市小ケ倉町・昭和28年・提供＝中尾康弘氏〉

▶時津のペーロンで船おろし風景　時津で行われるペーロンは海神を祀る神事としての側面もあった。そのため、かつてはペーロンの勝敗によって漁場を決めていたともいわれる。写真は船おろしのようすで、乗り手たち自ら海まで運ぶ。〈西彼杵郡時津町浦郷・昭和32年・提供＝時津町役場〉

▲▶茂木の子どもペーロン　茂木のペーロンは橋口、中、寺下、新田の4地区対抗で行われ、その結果で豊作豊漁を占った。写真は競技の前に出る子どもペーロン。当番町の子どもたちが神主とともに2艘の船に乗り込み、龍王岩まで競い合いながら進む。その後、神事を行い、4地区対抗のペーロン競争が開始される。右写真には外国人の保養地として賑わったビーチホテルの一部が見える。〈長崎市茂木町・昭和32年・提供＝山口貞行氏〉

フォトコラム　長崎くんち

長崎の町にシャギリ（くんちの音曲）の音が流れると、気もそぞろで落ち着かなくなるのは私ばかりではないだろう。

長崎くんちは十月七〜九日の三日間開催される諏訪神社の例祭で、長崎独特な文化と伝統をふまえた豪華な祭り。わが国三大祭りの一つといわれており、昭和五十四年に国の重要無形民俗文化財に指定された。

初日の七日は神輿が御旅所に渡御される「お下り」が九日には神輿が還御される「お上り」があり、「お下り」「お上り」の前に踊や演し物が奉納される。

奉納踊は毎年六、七ヶ町が七年ごとに奉納する仕組みで、当番町を踊町といい、半年間は厳しい稽古の日々が続く。演し物は本踊をはじめ龍踊、コッコデショ、鯨の潮吹き、龍船など長崎ならではのものばかりで、各町には町印として、趣向を凝らした豪華な傘鉾がある。

アンコールは「ショモウ（所望）ヤレ」や「モッテコーイ」と独特の呼び声で鼓舞するのも特徴の一つである。神前での奉納踊がすむと、踊町は市内で踊を披露する「庭先廻り」が三日間続く。見物客の中には「追っかけ」といって、好みの演し物には町中を付いて回るほど熱を入れる人たちもいる。

昭和十二年、日中戦争が始まるまでは通常のくんちが行われていたが、事後、戦時色が強くなりると変則的なものになる。同二十年の終戦の年は、原爆の惨禍にもめげず、丸山の芸妓有志が本踊を奉納し、長崎っ子のくんちに対する意地を見せる。同二十年代後半になると町の復興につれて、戦前とは違った新しい演し物も出るようになる。

昭和三十三年、丸山町と寄合町が踊町を辞退する。さらに町の合併や経費がかさみ、人手不足などで踊町を辞退する町が増え、存亡の危機がささやかれた時期もあった。

演し物に女性が参加し、さらに新しい趣向を凝らしたものが増え、昭和四十年代には市民参加型としての観光的な傾向が増し、長崎市も観光振興のため助成し、往時の賑わいを取り戻し現在にいたる。

長崎くんちは見巧者《みごうしゃ》が見巧者を育て、常に斬新な趣向をこらした「風流の精神」が引き継がれ、今日まで連綿と続いているのである。

（井手勝摩）

▲県庁坂を駆け上がる神輿（もりこみ）　旧県庁舎４階から撮影している。現在の神輿は、明治11年に新調されたもの。俗に「1トン神輿」と呼ばれるように重いもので、これを１体につき16人（18人の組もある）で担ぐ。〈長崎市江戸町・昭和32年・提供＝津場邦彦氏・撮影＝津場貞雄氏〉

▲お下り（渡御《とぎょ》） 諏訪、住吉、森崎の三体の神輿が御旅所まで向かうため、諏訪神社の長坂を勇壮に下る。お下りの最大の見せ場のひとつである。〈長崎市上西山町・昭和30年頃・提供＝米田次雄氏〉

▲お上り 神輿が御旅所から諏訪神社へ帰ることをお上り（還御《かんぎょ》）という。写真は長坂を駆け上がり、拝殿前に戻った時の「もりこみ」のようすである。〈長崎市上西山町・昭和35年・撮影＝矢野平八郎氏〉

▲▼龍《じゃ》船　上の写真は当時の協和銀行前で撮られたもの。右には傘鉾も写る。下の写真は現在の銅座郵便局付近にて。2枚を比べてみると頭部と尾のデザインが違うことがわかる。〈長崎市銅座町・上：昭和39年、下：昭和25年・提供＝林田哲男氏〉

▲東濵町の本踊の奉納　この年の東濵町は虞美人《ぐびじん》、項羽《こうう》、劉邦《りゅうほう》が和楽器と洋楽器の合奏で踊りを奉納した。本物の馬も登場し、趣向を凝らしたものであった。現在奉納されている竜宮船は、昭和49年から始められたものである。〈長崎市上西山町・昭和28年・提供＝中尾康弘氏〉

▲諏訪町の龍踊《じゃおどり》　龍踊は江戸時代、唐人屋敷で行われていたものを近くの本籠町の住民が唐人から教わり、始められたという。現在は籠町、諏訪町、筑後町、五嶋町が奉納するがそれぞれ趣向を凝らし、少しずつ演出が異なる。もともとは「蛇踊」と表記していたが、しばしば「へび」と読み間違えられたため昭和32年から「龍踊」と改められた。〈長崎市上西山町・昭和30年頃・提供＝津場邦彦氏・撮影＝津場貞雄氏〉

▲コッコデショ　江戸時代、樺島町を定宿にしていた上方の船頭たちによって壇尻が伝えられたといわれる。写真は最大の見せ場である太鼓山を上へと、ほうり上げる瞬間を捉えている。伊勢宮神社にて。〈長崎市伊勢町・昭和 32 年・提供＝稲尾吉広氏〉

▲万屋町の演し物の鯨の潮吹き　鯨曳きが長崎くんちで行われるようになったのは安永 7 年（1778）といわれる。鯨、羽差船《はざしぶね》などの捕鯨船、納屋の曳物で構成され、豪快に行われる鯨の曳き回しは圧巻である。写真はそのようすでちょうど鯨が潮を吹いている。〈長崎市伊勢町・昭和 32 年・提供＝稲尾吉広氏〉

▶**本古川船の庭先廻り**
川船を奉納する町は7カ町あるが、写真は本古川町の川船である。なお昭和50年から「御座船」を奉納している。〈長崎市内・昭和36年・提供＝高比羅道子氏〉

▲**西濵町の傘鉾**　長崎くんちに欠かせないもののひとつ傘鉾。傘鉾は踊町ごとに有しており、それぞれ意匠が異なる。西濵町の傘鉾は「飾《だし》」が源氏絵貝桶2個に紅葉、菊花をあしらったもの、「垂《たれ》」は文久2年（1862）作の姑蘇十八景の図である。写真は傘鉾町人であった雪屋前での撮影。当時雪屋は傘鉾の費用を一手に引き受けていた。場所は現在の佐賀銀行長崎支店にあたる。〈長崎市浜町・昭和25年・提供＝林田哲男氏〉

▲**お上り行列**　お上りのようす。馬に神職が乗って賑橋方面へ進んでいる。この行列にお供するのは「年番町」で、諏訪神社や御旅所に詰めて、くんち全般の進行を担う。〈長崎市築町・昭和29年・提供＝平瀬歌子氏〉

▲**立山町の駕輿町《かよちょう》（神輿守町）**　駕輿町とは三体の神輿を担ぐ役のことで、旧長崎村の人びとで行われる。過去には4年に一度や7年に一度の年もあったが、現在は6年に一度順番が回ってくる。なお、昭和45年頃まで駕輿町といっていたが現在は神輿守町である。〈長崎市上西山町・昭和33年・提供＝瀬戸口光子氏〉

10 懐かしの学び舎と教育

明治維新以降、さまざまな試行錯誤を経て、日本の近代教育制度は確立されていった。大正期には社会情勢と国民生活の変化を受けて、複雑だった教育制度を初等、中等、高等教育と整理し、国情に即した学校制度が整備された。

しかしその後、戦争の影響を大きく受けて、教育制度への改定が行われ、「国民学校令」（昭和十六年）「中等学校令」（昭和十八年）が公布された。国民学校等は「皇国民の基礎的錬成」を目的として、戦争遂行を助ける学校が望ましいとされ、戦争の激化とともに勤労動員などで正常な教育ができない状況のまま終戦を迎えた。

敗戦後、連合国軍最高司令官総司令部（ＧＨＱ）がいち早く手掛けたのは、軍国主義や極端な国家主義を排除し、民主的な国家社会の形成者を育成するという教育改革であった。日本国憲法に「教育を受ける権利」「教育を受けさせる義務」、さらに大学の自治と関連して「学問の自由」を保障することを明記した。

その結果、複線型だった学校制度は六・三・三・四制の単線型となり、新学制による、小学校、中学校、高等学校、大学が誕生した。小学校や新制高校が明治以来の教育機関を継承するという側面を持つ一方、新制中学校は全く新しい位置付けであったため、現場での戸惑いは大きかったようである。

学校は戦前から、すでに地域コミュニティーの拠点であったが、教育制度が変わってもその役割は不易のものとして継承されてきた。学校行事の運動会や学芸会は住民の楽しみであり、子どもたちも張り切って演技をしたものである。また、地域の交流の場として、地区の運動会などさまざまな行事が行われ、老若男女を問わず参加することができた。

スナップ写真に切り取られた生徒や児童たちの笑顔や緊張の一瞬。背景にある校舎には、今はもう見ることのできないものや新しく建て替えられたものなどが写されている。しかし、どのような変化があろうとも青春の貴重な時間を過ごした学び舎は人びとの思い出として、その時間と同じく色あせずに記憶されていることであろう。

（赤瀬　浩）

▲終戦直後の海星高校生　同校は長らく男子高校であったが、平成18年に共学となった。〈長崎市東山手町・昭和21年頃・提供＝石川敬一氏〉

▶長崎大学経済学部のグラウンド　明治37年、長崎高等商業学校として設立された。長崎県下では2番目、全国でも3番目の官立高等商業学校であった。昭和19年に長崎経済専門学校に改称、同24年に長崎大学に組み込まれ、長崎大学経済学部となっている。後ろの建物は長崎高商時代の校舎。〈長崎市片淵・昭和40年頃・提供＝笹田勝昭氏〉

◀長崎県立短期大学長崎女子部英文科の学生たち　本学の始まりは明治34年創立の長崎高等女学校に求めることができる。戦後の学制改革を受けて昭和25年に県立女子短期大学として開学。同32年、県立佐世保商科短期大学と統合し、県立短期大学長崎女子部と改称するが、44年に佐世保校と分離し再び県立女子短期大学となった。平成11年に新設された県立長崎シーボルト大学（現長崎県立大学）に統合され、翌年に閉学となった。現在、跡地には鳴滝高校が建っている。〈長崎市鳴滝・昭和42年頃・提供＝大島桃子氏〉

▶長崎市医師会准看護婦学校　昭和27年、長崎県医師会准看護婦養成所として医師会館で開校した。同29年に長崎県医師会准看護婦学校と改称、38年に管轄が長崎県医師会から長崎市医師会へ移管され、54年には現在名である長崎市医師会看護専門学校となっている。写真は市民病院前に並んだ第13期生卒業生。〈長崎市新地町・昭和42年頃・提供＝田中廣美氏〉

◀長崎県立長崎西高校全景　同校は戦後の学制改革により発足した県立長崎高校、県立瓊浦高校、県立長崎女子高校、市立長崎女子高校を昭和23年に統合し、中島川・大浦川を境に2校に分けられたうちの片方として開校した。開校当初、鳴滝にあったが、同25年に現在地である竹の久保町に新築移転した。〈長崎市竹の久保町・昭和27年・提供＝野口政晴氏〉

▶長崎西高校講堂で文化祭　披露されているのは、熊本県の昔話をもとにつくられた木下順二の戯曲「彦市噺」である。〈長崎市竹の久保町・昭和27年・提供＝野口政晴氏〉

◀長崎西高校体育祭　体育祭でのひとコマで、仮装した人物が行く。後ろには写真に収まらないほどの大きな櫓《やぐら》が組まれている。〈長崎市竹の久保町・昭和45年・提供＝宮川明彦氏〉

▶県立長崎東高校の旧校舎正門　同校も長崎西高校と同じく、昭和23年に県立長崎高校、県立瓊浦高校、県立長崎女子高校、市立崎女子高校が統合して分けられ、設立された。昭和51年に現在地である立山に新築移転している。〈長崎市西山・昭和40年代後半・提供＝長崎東高29回生同窓会〉

◀長崎商業高校で　油木町にあった頃、母校で校舎を背に記念撮影。昭和23年、学制改革により長崎商業高校となり、翌年共学となった。同61年に現在地である泉町に移転、現在、この地には長崎県立総合体育館が建っている。〈長崎市油木町・昭和33年頃・提供＝野口政晴氏〉

▶長崎女子商業高校の体育祭　原爆により校舎が全壊したため、終戦後は市立高等女学校の校舎を間借りして授業を再開した。昭和22年、現在地に校舎が完成し移転。翌年に長崎女子商業高等学校となった。写真は立山のグラウンド（現長崎中学校）で行われた体育祭のようすでマスゲームを行っているようだ。〈長崎市立山・昭和33年頃・提供＝稲尾吉広氏〉

▶**純心女子高校**　昭和10年、純心女学院として開校。開校当初の入学生は28人、中町天主堂に設置された仮校舎でのスタートであった。翌年に長崎純心高等女学校と改称。さらに翌年、現在地へ移転している。原爆によって校舎が全壊したため、一時大村市の海軍工廠宿舎で授業を行っていたが、同23年に元の校地に校舎が建てられ移転した。〈長崎市文教町・昭和30年代・提供＝杉原和子氏〉

▼**純心女子高校の運動会**　1年生の生徒たち。〈長崎市文教町・昭和34年・提供＝杉原和子氏〉

▶海星高校の運動会　明治25年、海星学校として浪之平町に創立し、同30年に写真の校舎が東山手町に新築移転した。校舎がところどころ黒いのは、戦時中に、目立たぬよう塗られた名残である。〈長崎市東山手町・昭和21年頃・提供＝石川敬一氏〉

▲海星高校の正門にて　卒業式の日、もう通うことはないであろう学校の正門で仲間とともに撮影。〈長崎市東山手町・昭和32年・提供＝牧野禎之氏〉

▲片淵中学校の授業風景　片淵中学校は昭和22年、学校教育法の施行により長崎市内に開校した市立中学校15校の中のひとつ。同26年に戦後初の鉄筋コンクリート造による校舎を増築している。〈長崎市片淵・昭和33年・提供＝中川貢氏〉

▲江平中学校の第一学年生徒たち　ベビーブームの影響による市内の新入学生の増加を受けて、昭和36年に開校した。写真はこの年の新入学生たち。男子は制服姿だが、女子の服装は自由だったようだ。〈長崎市江平・昭和38年・提供＝高比羅道子氏〉

◀淵中学校校舎全景　昭和15年に開校した淵高等小学校が前身である。同22年、学制改革により淵中学校と改称。新校舎の建設が間に合わなかったので稲佐小学校にて開校式を行った。同年9月に鉄筋コンクリート造の本館と木造の南校舎が完成し移転した。〈長崎市梁川町・昭和34年・提供＝杉原和子氏〉

▶福田中学校の運動会　前身は昭和22年に開校した福田中学校と手熊中学校で、同24年に両校が統合し福田中学校となった。写真は運動会で行われた組体操。30年に福田村が長崎市に編入され、長崎市立となっている。〈長崎市福田本町・昭和30年・提供＝山口香氏〉

▲市内中学校駅伝に参加　市内中学校駅伝に参加する淵中学校の生徒が、全校生徒の前で校長の激励を受ける。〈長崎市梁川町・昭和34年・提供＝杉原和子氏〉

▶黒崎中学校の木造校舎　同校は昭和22年に開校し、当初は黒崎小学校の東校舎を間借りしていたが、同25年に木造校舎が完成し移転。生徒たちの後ろに写るのがその校舎である。同46年には鉄筋コンクリート造三階建ての新校舎が竣工している。〈長崎市東出津町・昭和34年・提供＝川田広保氏〉

◀黒崎中学校の遠足　市内見学の際のひとコマ。前年に完成したばかりの平和祈念像前で記念写真。〈長崎市松山町・昭和31年・提供＝川田広保氏〉

▲長与中学校　昭和 22 年、長与小学校内で開校。翌年に県立盲学校の校舎を移築し、同 25 年には新校舎が完成したため、さらに移転した。以降、運動場や実習室、図書館など整備が進んだが、この写真が撮影された年に大火が発生し、右側に写る校舎などが焼失した。〈西彼杵郡長与町丸田郷・昭和 48 年・提供＝野中幸子氏〉

▲時津中学校の運動会　運動会の演目だろうか、生徒たちは机の上に載せた平均台の上で一本足。後ろに見える建物は工機会社のもの。〈西彼杵郡時津町浜田郷・昭和 30 年・提供＝宇木赫氏〉

◀**磨屋《とぎや》小学校の児童たち**　明治6年に開校した第二番小学・啓蒙学校が始まりである。県内において初めて開校した公立学校のひとつであった。以降、榎津小学校、中等鶴鳴小学校、長崎尋常女児小学校などと改称を重ね、同41年に磨屋尋常小学校となっている。写真はまだ終戦後の混乱が収まっていない頃のもので児童の格好もばらばらである。昭和48年に創立100周年を迎えたが、平成9年、統廃合により閉校し、跡地には新しく発足した諏訪小学校が開校している。〈長崎市諏訪町・昭和25年・提供＝林田哲男氏〉

▶**伊良林小学校の児童たち**　明治35年、伊良林尋常小学校として開校。大正13年に市内で3番目となる鉄筋コンクリート造の増築校舎が完成した。この校舎は増築を重ねながら平成14年に解体されるまで使用された。〈長崎市伊良林・昭和33年頃・提供＝石田洋子氏〉

◀**銭座小学校の運動会**　始まりは明治35年に創立した銭座尋常小学校である。大正14年に鉄筋コンクリート造三階建ての増築校舎が完成するが、原爆による大きな被害を出した。終戦直後は稲佐国民学校の校舎で授業が再開されたが、昭和23年に新校舎が完成している。写真は運動会で披露した踊りのようすか。女子児童は提灯ブルマー姿である。〈長崎市銭座町・昭和30年代・提供＝高比羅道子氏〉

▶銭座小学校の被爆校舎を背に　被爆した校舎を背にして写る新入生たち。この校舎は原爆によって内部が燃えたもののなんとか外形をとどめ、終戦直後には長崎病院が移転し被災者の手当てを行っていた。〈長崎市銭座町・昭和25年・提供＝杉原和子氏〉

◀南大浦小学校の運動会　明治36年に開校した大浦女児尋常小学校が同校の始まりである。明治から大正にかけて幾度かの改称の後、昭和22年に南大浦小学校となる。同29年に創立50周年を迎え新校舎が完成した。平成15年には創立100周年を迎えたが、同19年、少子化の影響により閉校した。〈長崎市上田町・昭和29年頃・提供＝大島桃子氏〉

▶飽浦小学校校門前で集合写真
明治8年、第五大学区第一中学区飽浦小学校として開校し、大日社殿を校舎とした。同15年に淵小学校に統合されるが、28年に稲佐尋常小学校が分離され、29年に現在地に飽浦尋常小学校校舎が建てられた。昭和5年にコンクリート造校舎へと建て替えられ、同22年に現校名となっている。〈長崎市飽の浦町・昭和44年・提供＝佐々一久氏〉

◀飽浦小学校の運動会　多くの観客を迎えて行われた運動会のようす。昭和41年に体育館が新築されている。〈長崎市飽の浦町・昭和42年頃・提供＝木庭一郎氏〉

▶茂木小学校の入学式　明治7年、第五大学区第一中学区茂木小学校として児童数20余人で開校した。その後、幾度かの名称変更を経て昭和37年に現校名となる。この写真が撮影された年に学校橋が完成している。〈長崎市茂木町・昭和31年・提供＝山口貞行氏〉

◀上長崎小学校の入学式記念写真　明治9年、第5大学区第1中学区鳴滝小学校が同校の始まりである。旧校舎の前に並んだ新入生たちで、戦後復興も佳境に入り、子どもたちの身なりも整ってきた頃。前列には靴を履いた可愛らしい足が並ぶ。左端の眼鏡の男性が担当だった。〈長崎市下西山町・昭和27年・提供＝中川貢氏〉

▶遠足で掲げる校旗　上長崎小学校の児童たちが遠足で田手原へやって来た。校旗は大正14年に制定された。〈長崎市田手原町・昭和32年・提供＝中川貢氏〉

◀高尾小学校を空撮　市北部地区の児童増加に対応するため、昭和33年に開校した。同37年に写真の校舎が完成し祝賀行事が行われた。この後48年、校舎北側にプールが整備される。〈長崎市高尾町・昭和41年・提供＝本村保昭氏〉

▶取り壊し前の山里小学校校舎
明治7年に創立した中馬込学校、山王小学校と同9年創立の中野小学校を15年に合併し、山里小学校が開校した。写真の校舎は昭和7年に建てられた鉄筋コンクリート造三階建ての四代目校舎で、原爆の被害にあうも何とか外郭が残り、戦後も使用した。しかし同63年、校舎の老朽化に伴い新校舎が建設され、惜しまれつつ解体された。〈長崎市大橋町・昭和37年頃・提供＝浦越真寿子氏〉

◀西町小学校の運動会にて　昭和30年代以降、急激な児童数増加の対策として、多くの小学校で二部授業が行われ問題となっていた。同校はこれを解消するため同31年に開校したが、開校当初は校舎が完成していなかったため、城山小学校と西浦上小学校で分散2部授業を行っていた。〈長崎市西町・昭和36年頃・提供＝尾畑砂登美氏〉

▶矢上小学校現川分校の運動会　明治6年に開校した。同40年に矢上尋常小学校の分校となり、以降、長きにわたり当地の初等教育を担ってきた。平成元年には校舎が新築され、同15年には創立130周年を迎えた。20年には新設の高城台小学校の分校となるが、28年に閉校した。写真右は校舎。左端に見える建物は教員宿舎で、教員とその家族が住んでいた。〈長崎市現川町・昭和40年代・撮影＝藤本熊夫氏〉

◀出津小学校の新校舎落成　昭和39年、新校舎の建設が始まり、翌年に完成した。これを祝って開校記念式典が行われ、運動会も開催された。写真に写るのは仮装した人びとで、二宮金次郎に扮した子どももいる。平成26年には創立140周年を迎えたが、同28年に黒崎東小学校と統合して黒崎小学校となり、閉校した。〈長崎市西出津町・昭和40年・提供＝川田広保氏〉

▶**木造時代の神浦小学校**　明治6年、神浦小学校として開校。以降、移転と改称を繰り返し、第二次大戦後の昭和36年、現在地に新校舎が完成し移転している。校庭に並ぶのは消防団員たち。消防関係の式典であろうか。〈長崎市神浦向町・昭和40年以前・提供＝本濱武氏〉

◀**時津小学校**　明治7年、第15大区・中等時津小学校として創設されたのが始まりである。当時の校舎は旧庄屋跡に設置されていた。同21年に開設された第4高等小学校と26年に合併し時津尋常高等小学校と改称。昭和9年に校舎が新築され、写真の校舎はその頃のものである。〈西彼杵郡時津町浦郷・昭和30年頃・提供＝宇木赫氏〉

▶**時津小学校の空撮**　写真の校舎は昭和44年に建てられた鉄筋コンクリート造三階建て新校舎。人文字の右に写る体育館は同46年、プールは48年に完成している。写真上部には時津保育園の一部が見える。〈西彼杵郡時津町野田郷・昭和59年・提供＝山本宙史氏〉

◀▼長与小学校の児童と校舎 明治7年、第五大学区第一中学区長与小学校として開校。当初は児童数38人、旧庄屋跡地にあった家屋を校舎にしていた。左写真の児童たちの背後は木造校舎だが、昭和37年、下写真の鉄筋コンクリート造校舎が完成した。〈西彼杵郡長与町嬉里郷・左：昭和36年頃・提供＝宮川健氏、下：昭和40年・提供＝長与町役場〉

◀洗切小学校の入学式　明治8年、長与小学校の分校として個人宅の一室を借りて開校。同32年に校舎が完成し移転、独立校となる。この写真の年に創立90周年を迎えている。〈西彼杵郡長与町平木場郷・昭和40年・提供＝野中幸子氏〉

▶玉園幼稚園の運動会　昭和7年に開園。写真は勝山小学校で行われた運動会のようすで、園児らが可愛らしいコッコデショの演技をしている。平成の初め頃に閉園した。〈長崎市勝山町・昭和40年頃・提供＝石橋久美氏〉

◀ルンビニー幼稚園第2回卒園記念　昭和28年の創立。写真は旧園舎。第2回卒園児たちが並ぶ。〈長崎市緑町・昭和29年・提供＝高比羅道子氏〉

▶信愛幼稚園の運動会　明治41年、清心幼稚園として開園した。発足当時の園児は80人であったが、大正8年には定員を200人に増やした。昭和7年に常清幼稚園と改称し、同24年に信愛幼稚園となった。写真は旗揚げをしているところだろうか。〈長崎市上野町・昭和28年頃・提供＝平瀬歌子氏〉

▶諏訪幼稚園の運動会　昭和22年、諏訪神社境内で開園した。写真は神輿の演し物のようす。法被に身を包んだ可愛らしい園児たちが小振りな神輿を元気よく担ぐ。〈長崎市上西山町・昭和37年・提供＝山口香氏〉

◀諏訪幼稚園の模擬店舗遊び　懐かしい木造園舎での一枚。壁には「おちゅうげん　おおうりだし」の文字が見える。〈長崎市上西山町・昭和29年頃・提供＝瀬戸口光子氏〉

▶大音寺幼稚園の運動会　大音寺にあった幼稚園。磨屋小学校の運動場で行われた運動会のようすで、この年に開催された東京オリンピックを模して入退場門には五輪マークがあしらわれている。〈長崎市諏訪町・昭和39年・提供＝金子剛氏〉

▶飽ノ浦幼稚園の卒園式　大正12年の設立。卒園児たちが卒園証書を手に階段に並び、カメラに収まる。〈長崎市飽の浦町・昭和33年・提供＝尾畑砂登美氏〉

◀住吉幼稚園の給食時間　幼稚園でのお楽しみのひとつ、給食の時間にパチリ。園児たちが頬張っているのはパンであろうか。当時、市内には41の幼稚園があったが入園希望者が多く、狭き門であった。〈長崎市千歳町・昭和39年・提供＝岩永滋氏〉

▶南山幼稚園で英語のお勉強　昭和35年、長崎南山幼稚園として開園した。当初は南山小学校の1階を使用していた。英語の時間、園児たちの表情は真剣そのもの。同55年に独立園舎が小学校北側に完成している。〈長崎市音無町・昭和39年・提供＝本村保昭氏〉

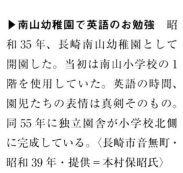

◀みどり幼稚園の修了記念　園児たちが人文字で「ミドリ」と描く。〈長崎市若竹町・昭和41年・提供＝本村保昭氏〉

▶玉木幼稚園の園児たち　昭和27年、玉木女子学園玉木幼稚園として設立された。平成19年に玉成短期大学附属幼稚園と改称したが、同24年に玉成短期大学が閉校したため玉成幼稚園と改称、のち28年に同園も閉園となっている。〈長崎市愛宕・昭和35年・提供＝吉田敬子氏〉

◀純心幼稚園の運動会　昭和12年に設立された私立幼稚園で、同26年に純心女子短期大学附属となっている。写真は大浜町にあった長崎遊園地で行われた運動会のようす。背後に観覧車が写る。〈長崎市大浜町・昭和34年・提供＝宮川明彦氏〉

▶桜ヶ丘幼稚園の芋掘り遠足　明治19年、西濱町の長崎県師範学校女子部の附属幼稚園として開園した。長崎県において初めての幼稚園であった。昭和9年、師範学校の大村市移転に伴い一度閉園するが、地域の人びとの希望により私立桜ヶ丘幼稚園として再スタートを切った。同13年に長崎市に移管され、40年に桜馬場中学校職業科教室跡に新園舎が完成している。61年には100周年を迎え、長きにわたって地域の幼児教育を支えてきたが、平成24年、125年の歴史に幕を下ろした。写真はイモ堀りに夢中になる園児たち。〈長崎市内・昭和40年頃・提供＝川口大輔氏〉

◀時津保育所の運動場で　昭和29年に開園。当時は現在の鳴鼓幼稚園付近に建っていたが、同53年に現在地である時津小学校跡地に移転している。〈西彼杵郡時津町浜田郷・昭和36年頃・提供＝時津町役場〉

▶あやめ幼稚園　昭和33年、長与で初めての幼稚園として開園した。同49年に現在地に移転している。〈西彼杵郡長与町内・昭和40年・提供＝長与町役場〉

◀長与保育園　昭和42年、社会福祉法人みのり会の経営で開園した。その後、同47年と57年に増築している。〈西彼杵郡長与町嬉里郷・昭和42年頃・提供＝長与町役場〉

フォトコラム　戦後の子どもたち

戦後、あちこちに原爆の爪痕が残り、食糧不足もあって生活は貧しいながらも、幼い子どもたちは、親類縁者が集まってひな祭りや端午の節句を心ゆくまで祝ってもらうようになる。

子どもたちの服装も見違えるようになる。戦時中は配給制で新しいものは思うように手に入らず、兄姉のお下がりや破れた所を繕いながら着せられていたが、いろいろな服が店に並び、子どもたちは新しい服が着られるようになる。きれいな洋服を着て嬉しそうな子どもたちが印象的である。このような環境で育った子どもたちが、その後の日本の発展に大きく寄与していった。

子どもたちにとって、百貨店の屋上にある小さな遊園地は格好の遊び場であった。家族と一緒に街に出かけ、遊具などで遊び、お菓子や玩具などを買ってもらい、お昼は食堂で食事するのが何よりの楽しみだった。

町内には子ども会ができて、遠足や球技を楽しんだ。夏休みになるとラジオ体操が各地で行われ、子どもたちは出席表を首に下げハンコをもらうのを楽しみにしていた。

長崎は戦時中、要塞地帯で、一部の山には登ることができなかった。戦後に解禁されると学校の遠足などで登れるようになる。山頂からわが町の素晴らしい風景を初めて眺め、子どもたちは感激したことだろう。

この頃は、今はほとんど見られなくなったリヤカーが活躍している。本コラム収録写真には兄妹であろうか、楽しそうにリヤカーに乗って遊んでおり、またサイドカーのように自転車の脇に付けたリヤカーに乗る子どもたちの姿も。近くの遊び場にでも運んで行くのだろうか。今の自家用車のはしりを思わせるようで、隔世の感がある。

昭和三十二年に長崎遊園地が福田にできる。観覧車、ゴーカート、プール、海水浴場などがあり、一日いても飽きないほどで、家族揃って弁当持参で遊べる場所であった。幅広い年齢層に利用され、当時の子どもたちは何回も足を運んだのではないだろうか。平成八年に閉鎖されたが、昭和のよき時代の思い出である。（写真・第八章参照）

（井手勝摩）

▲路地に集まった子どもたち　フラフープで遊ぶ子、その順番を待つ子、本を読む子など思い思い。アメリカの玩具フラフープは昭和33年秋に日本でブームとなった。この女の子は腰で回すのではなく、縄跳びのように使って遊んでいるようだ。〈長崎市上田町・昭和33年頃・提供＝大島桃子氏〉

◀**まだかなあ**　おしゃまな女の子がバスを待つことに飽きて、標識柱に上る。〈長崎市中川・昭和41年頃・提供＝佐々一久氏〉

▶**ハッ！**　十字架山の山頂に立つ十字架の台座からジャンプ。この十字架は禁教令が解かれ、信仰を表明できることに感謝して、浦上村のカトリック信徒が明治14年に立てた。〈長崎市辻町・昭和30年頃・提供＝平瀬歌子氏〉

◀**シカを見に来たよ**　好天に恵まれた日、ニホンジカを見に稲佐山公園へ。この頃はのちに「V9時代」と呼ばれるジャイアンツの黄金期で、全国の男の子たちはこぞってジャイアンツの帽子を被った。〈長崎市稲佐町・昭和43年・提供＝横山貞人氏〉

▶乗れないよぅ　おじいちゃんに自転車に乗せてもらったものの、表情はなんとも不安気。後方左側の店舗には「パン」「ケーキ」の文字。右側建物の脇には「丹頂型」と呼ばれた懐かしい電話ボックスが見える。〈長崎市昭和・昭和39年・提供＝寺田聖一氏〉

◀揺らさないで！　現在ではあまり見ることもなくなったリヤカーで遊ぶ子どもたち。〈長崎市田上・昭和30年頃・提供＝米田次雄氏〉

▶しっかり掴まって　お兄ちゃんが弟を三輪車に乗せて押してやっている。2人とも裸足で、道は未舗装である。田上の転石付近で。〈長崎市田上・昭和30年頃・提供＝米田次雄氏〉

▶行ってきます　霧の中を登校する仲良し姉妹。髪型やワンピース、長靴がお揃いに見えるほど。〈長崎市田上・昭和30年頃・提供＝米田次雄氏〉

◀日向ぼっこ　ぽかぽか陽気の日、雑貨店の縁側で日向ぼっこ。現在はこうした縁側のある家も少なくなった。〈長崎市田上・昭和30年頃・提供＝米田次雄氏〉

▶楽しい遠足　勝山小学校の児童が金比羅山へ。学帽に虫かごと虫取り網。まさに昭和の子どもの姿が写る。〈長崎市西山・昭和31年頃・提供＝瀬戸口光子氏〉

▶うまく撮ってね　古賀の藁葺屋根の民家の前で、手作りのような木製の車の玩具に座って。〈長崎市古賀町・昭和 30 年頃・提供＝花田幸規氏〉

▲痺れる！　ラムネの炭酸が強かったのだろう、顔をしかめる子と飲み口からビー玉をのぞき込む子。〈長崎市坂本・昭和 29 年・提供＝花田幸規氏〉

▶自慢の凧だよ　「ナショナル」の奴凧を持って、満面の笑みを浮かべる。うまく飛ばせたかな。〈長崎市飽の浦町・昭和 35 年・提供＝本村保昭氏〉

◀お気に入りだよ　庭で、当時の子どもたちに大人気だった「オバケのＱ太郎」の空気人形で遊ぶ。〈長崎市愛宕・昭和 45 年頃・提供＝尾上ひろみ氏〉

▶大きいなあ　西山経大（長崎大学経済学部）前行きのボンネット型バスの前で。バスの大きさが一際目立つ。〈長崎市飽の浦町・昭和 35 年・提供＝本村保昭氏〉

◀端午の節句の宴　座卓にたくさんの料理が並ぶ。子どもの隣にはお祝いで買ってもらったのだろう、ピカピカの三輪車と、その上には起き上がり小法師も見える。〈長崎市西山・昭和 34 年・提供＝小川内クニ子氏〉

▶一緒って楽しいな　浜屋百貨店の屋上にあったヘリコプター型遊具に乗る女の子たち。お揃いの王冠とコートに身を包んで。〈長崎市浜町・昭和30年頃・提供＝赤沢智津子氏〉

◀手を挙げろ　おもちゃのレーザー銃を構える。クリスマスツリーの載った帽子を被り、顔には鼻とひげ付きのメガネ。これでは誰もやっつけられそうにない。〈長崎市昭和・昭和44年頃・提供＝寺田聖一氏〉

▶みんなで遊ぼ　それぞれ年齢が異なる子どもたちが写る。右の女の子は幼い子を背負っているが、この頃はまだ上の子が下の子の面倒をよく見ていた。〈長崎市愛宕・昭和34年頃・提供＝吉田敬子氏〉

▶ワンピースの競演？　長崎公園でスケッチ大会が行われた時のひとコマ。女の子たちのかわいらしいワンピース姿が印象的である。この頃、子どもが着る服のほとんどが母親の手づくりであった。〈長崎市上西山町・昭和32年頃・提供＝大島桃子氏〉

◀侍兄弟　パジャマ姿でも、ひとたび腰に「刀」を差せばお侍さんに早変わり。〈長崎市江平・昭和45年頃・提供＝横山貞人氏〉

▶長崎くんちの日のおめかし　着物を着せてもらっておすまし顔の2人。後ろには傘鉾が写る。〈長崎市内・昭和30年頃・提供＝高比羅道子氏〉

▶わんぱく小僧の揃い踏み　坂本町民原子爆弾殉難の碑前に揃った男の子たち。背丈も、年齢もさまざまだが、当時の子どもたちには年の差など関係なかった。〈長崎市坂本・昭和32年・提供＝花田幸規氏〉

◀サイドカーに乗って　子どもたちが乗っているのはリヤカー？　いえいえ、珍しいサイドカー付きの自転車です。〈長崎市籠町・昭和38年頃・提供＝金子剛氏〉

▶かっこいいでしょ　福田の遊園地にあった、いすゞベレットの遊具に乗ってポーズを決める。〈長崎市大浜町・昭和40年頃・提供＝川口大輔氏〉

◀**僕たちがつくったよ**　いつの時代も子どもたちは、雪が積もると雪だるまをつくりたくなるものである。真ん中の子の膝が濡れているのは、そんなのことにはお構いなしで、一生懸命つくった証拠。〈長崎市小峰町・昭和34年・提供＝宮川明彦氏〉

▶**どこへ行こうか**　傾きかけた日に輝くブリキ製のペダルカー。当時の子どもたちの憧れの玩具であった。〈長崎市新大工町・昭和32年・提供＝宮川明彦氏〉

◀**敵発見！**　西部劇さながら、草むらから玩具のピストルを構える子どもたち。2人とも2丁拳銃である。〈長崎市小峰町・昭和35年・提供＝宮川明彦氏〉

▶いい眺めだね　西坂小学校の歓迎遠足で訪れた、立山の市民グラウンドにて。〈長崎市立山・昭和33年・提供＝赤沢智津子氏〉

◀ラジオ体操　山の神神社境内で行った夏休みのラジオ体操のようす。朝早いのか寝《ね》惚《ぼ》け眼《まなこ》の子も。〈長崎市現川町・昭和50年頃・撮影＝藤本熊夫氏〉

▶樺島のお祭りの日に　カメラを向けられ、少し緊張気味の2人。後ろには漁村風景が広がり、その向こうに熊野神社の屋根も見える。〈長崎市野母崎樺島町・昭和45年・提供＝野中幸子氏〉

▶緊張するなあ　あどけなく姿勢を正し、カメラを見つめる。下駄履きの女の子2人。〈西彼杵郡時津町西時津郷・昭和28年頃・提供＝田中廣美氏〉

◀ブカブカだけど　お下がりなのか、男の子が身に着けているのもの全てが大きいのはご愛嬌。長与小学校にて。〈西彼杵郡長与町嬉里郷・昭和30年・提供＝森君代氏〉

協力者および資料提供者

（敬称略・順不同）

阿部園子
赤沢智津子
岩崎幸子
井形宣英
今村　正
岩永　滋
石田洋子
石橋久美
石川敬一
一ノ瀬正明
稲尾吉広
浦越真寿子
宇木　赫
岡林隆敏
尾上ひろみ
小野　治
小川道子
大平吉之
尾畑砂登美
大島桃子
小川内クニ子
金子　剛

風間克美
川口和男
川口大輔
川田広保
川村忠男
木下廣子
北園逸子
倉田　喬
黒崎雄三
古賀英人
小坂文昭
木庭一郎
小嶋美代子
佐々一久
笹田勝昭
佐野　昇
島田光子
杉原和子
瀬戸口光子
高見彰彦
高比羅道子
田中廣美

田中勇三
竹平和喜
津場邦彦
津場貞雄
寺田聖一
土井真由美
中川　貢
中尾康弘
野口政晴
野中幸子
花田幸規
ハインリ・スコット
林田哲男
平瀬歌子
藤本将宏
藤本熊夫
本濵　武
松崎光恵
牧野禎之
宮川明彦
宮川　健
道向市昭

道田玲子
本村保昭
持丸瑞彌
森　君代
山口　香
山口貞行
山口敏昭
矢野平八郎
山田スミ子
山本宙史
横山貞人
吉田敬子
米田次雄

長崎東高等学校29回生同窓会
中華料理四海楼
ツル茶ん
時津町役場
東洋ネオン
長崎原爆資料館
長崎電気軌道
長崎自動車

長与町役場
長崎市香焼図書館
長崎市永井隆記念館
長崎県営バス
長崎地区労
廣瀬写真館
ひぐちグループ
ピースバトン・ナガサキ

このほか多くの方々から資料提供やご教示をいただきました。謹んで御礼申し上げます。

おもな参考文献

（順不同）

『長崎市史地誌編名勝舊蹟部』（長崎市役所・昭和十二年）

『長崎市制五十年史』（長崎市役所・昭和十四年）

『創業百年の長崎造船所』（三菱造船株式会社・昭和三十二年）

『時津町郷土誌』（時津町教育委員会・昭和五十四年）

『長崎市史年表』（長崎市史年表編さん委員会・昭和五十六年）

『長崎浜町繁盛記』（田栗奎作著・昭和五十八年）

『角川日本地名大辞典（42）長崎県』（「角川日本地名大辞典」編纂委員会・昭和六十二年）

『市制百年長崎年表』（市制百年長崎年表編さん委員会・平成元年）

『香焼町郷土誌』（香焼町郷土誌編纂委員会・平成三年）

『長与町郷土誌　上巻』（長与町教育委員会・平成六年）

『原爆被爆記録写真集』（長崎市・平成八年）

『長与町郷土誌　下巻』（長与町教育委員会・平成八年）

『長崎学ハンドブックV　長崎の史跡（街道）』（長崎歴史文化博物館・平成十九年）

『新長崎市史第四巻現代編』（長崎市史編さん委員会・平成二十五年）

『長崎くんち考』（大田由紀著・平成二十五年）

『新長崎市史第三巻近代編』（長崎市史編さん委員会・平成二十六年）

このほかに各自治体の要覧や広報誌、学校史、新聞記事、ウェブサイトなどを参考にしました。

あとがき

『長崎市・西彼杵の昭和』の取材は、平成三十年二月から五月にかけて行った。新聞チラシを見て応募してくださった方々のお宅を一軒一軒訪問。だいたいの場合、「こんな写真でお役に立ちますでしょうか？　そろそろ処分しようと思っていたんですよ。この機会に亡くなった家族の写真を記念に残すことができたら嬉しいのですが……」という遠慮がちなお声で取材は始まった。訪問先で、思い出のつまった写真を一枚一枚拝見し、ご家族のエピソードを交えた昭和時代のお話を聞きながら、慎重にご家族の「宝物」を撮影させていただいた。

提供者の方とする昭和時代の楽しい思い出話は、時代を共有した者同士の仲で盛り上がり、なかなか尽きることはなかった。だが、次の取材予定もあり、後ろ髪を引かれる思いで辞去したことが、昨日のことのように鮮明に思い出される。

長崎というまちには、昭和二十年八月九日十一時二分の原爆投下前、当たり前のように元気に暮らす人びとがいた。戦争と原爆投下で多くの市民が犠牲になるという悲しい出来事があったが、それでも生き残った人びとは懸命に戦後のまちの復興にあたり、たくましく生き抜いた。そんな激動の昭和時代に輝いた生命の一瞬が、ご提供いただいた写真群の中にしっかりと切り取られていた。個々の写真から発する時代のエネルギーに圧倒されながら、感動で心は激しく揺さぶられもした。西彼杵郡の長与町と時津町の人びとの写真にもまったく同様の思いを抱いた。そのような貴重な写真アルバム『長崎市・西彼杵の昭和』の取材という仕事に携わる機会を得たことに心から感謝したいと思う。

本来ならご提供写真の全てを掲載させていただきたいところなのだが、誌面にも限りがあり、今回は約六百四十枚を厳選させていただいた。それらを眺めていると、ご提供者それぞれの肉声やエピソードが今なお鮮やかに蘇ってくる。と同時に、ご提供者がなければ各家庭で処分されたかもしれない「昭和」が、一部であっても写真集という形で後世に残ることに、無上の喜びを感じる。

最後になりましたが、写真を提供してくださった皆様はじめ、格別のご厚情を賜った関係者各位に、衷心より御礼申し上げます。ありがとうございました。

二〇一八年九月

樹林舎

取材

小川内清孝

編集、制作

河合真吾

企画販売

水野真吾

写真アルバム　**長崎市・西彼杵の昭和**

2018年9月28日　初版発行

発 行 者　山田恭幹

発 行 所　樹林舎

〒468-0052　名古屋市天白区井口1-1504-102
TEL: 052-801-3144　FAX: 052-801-3148
http://www.jurinsha.com/

発 売 元　長崎県教科書株式会社

印刷製本　今井印刷株式会社

ISBN978-4-908436-24-6 C0021
定価はカバーに表示してあります。